Ingeborg Bachmann

Ich weiß keine bessere Welt

PIPER

Zu diesem Buch

Fast dreißig Jahre nach Ingeborg Bachmanns Tod entschieden ihre Geschwister, die Archive zu öffnen und auch die nachgelassenen, nicht selten Entwurf gebliebenen Gedichte zugänglich zu machen. Erstmals wurden bis dahin unbekannte lyrische – und höchst persönliche und anrührende – Texte ihrer Schwester veröffentlicht: Trauer um ihre verloren gegangene Poesie und eine tiefe Sprachlosigkeit umfangen Ingeborg Bachmann in ihren privatesten Momenten. Sie, die in einem Atemzug mit den größten Lyrikerinnen der europäischen Moderne genannt werden muss, leidet an der Welt und verzweifelt an der Lieblosigkeit in ihr. Der Schmerz der Erkenntnis, der unstillbare Wunsch zu schlafen und Todessehnsucht durchziehen leitmotivisch all jene Gedichte, die unter Verschluss gehalten wurden. Sie offenbaren eine Seite von ihr, ohne die das Bild von Ingeborg Bachmann nicht vollständig wäre.

Ingeborg Bachmann, am 25. Juni 1926 in Klagenfurt geboren. Lyrikerin, Erzählerin, Essayistin. 1952 erste Lesung bei der Gruppe 47. Preise: Bremer Literaturpreis, Hörspielpreis, Georg-Büchner-Preis, Großer Österreichischer Staatspreis, Anton-Wildgans-Preis. Sie lebte nach Aufenthalten in München und Zürich viele Jahre in Rom, wo sie am 17. Oktober 1973 starb.

Ingeborg Bachmann

Ich weiß keine bessere Welt

Nachgelassene Gedichte

Herausgegeben von
Isolde Moser, Heinz Bachmann und Christian Moser

PIPER

Mehr über unsere Autorinnen, Autoren und Bücher:
www.piper.de

Von Ingeborg Bachmann liegen bei Piper vor:
Das Honditschkreuz
Anrufung des Großen Bären
Die gestundete Zeit
Der gute Gott von Manhattan
Frankfurter Vorlesungen
Das dreißigste Jahr. Erzählungen
Simultan. Erzählungen
Die Hörspiele
Werke (4 Bände)
Sämtliche Erzählungen
Die Wahrheit ist dem Menschen zumutbar
Sämtliche Gedichte
Liebe: Dunkler Erdteil
Die kritische Aufnahme der Existentialphilosophie Martin Heideggers
Bilder aus ihrem Leben
Das Buch Franza. Requiem für Fanny Goldmann
(Texte des »Todesarten«-Projekts)
Ich weiß keine bessere Welt. Gedichte
Briefe einer Freundschaft (mit Hans Werner Henze)
Kritische Schriften
»Male oscuro«
Das Buch Goldmann
»Wir haben es nicht gut gemacht«

Unser Versprechen für mehr Nachhaltigkeit
• Klimaneutrales Produkt
• FSC®-zertifiziertes Papier
• Hergestellt in Europa

FSC www.fsc.org MIX Papier | Fördert gute Waldnutzung FSC® C083411

Ungekürzte Taschenbuchausgabe
Oktober 2003 (TB 3984)
ISBN 978-3-492-27256-8
1. Auflage Dezember 2011
2. Auflage August 2024

Umschlag: semper smile, München
Umschlagfoto: Heinz Bachmann
Satz: Eberl & Kœsel Studio, Kempten
Druck und Bindung: CPI books GmbH, Leck
Printed in the EU

Vorwort

Bei Durchsicht des Nachlasses, auf der Suche nach ein paar bestimmten Blättern, fielen uns die unveröffentlichten, gesperrten Gedichte unserer Schwester in die Hand. Das Wiederlesen nach fast drei Jahrzehnten war für uns faszinierend, berührend und so beeindruckend, daß der Gedanke aufkam, diese Texte nicht länger unter Verschluß zu halten, sondern auch den Leserinnen und Lesern von Ingeborg Bachmann zugänglich zu machen.

Die Gedichte und Entwürfe waren von unserer Schwester nicht zur Veröffentlichung vorgesehen, aber sie hat sie aufbewahrt und nicht wie andere Texte und Briefe vernichtet. Auch dieser Umstand hat uns bestärkt, dieses Buch zu publizieren. Wir hatten 1978 alle Briefe, biographische Aufzeichnungen und von den Herausgebern der Werkausgabe zur Sperrung vorgeschlagenen Texte der Österreichischen Nationalbibliothek übergeben. Da die nun vorliegenden Texte zum Umfeld der *Todesarten*-Texte gehören, ebenso wie *Malina*, *Das Buch Franza*, *Fanny Goldmann* und andere publizierte Fragmente (Hrsg. Robert Pichl, Monika Albrecht u. Dirk Göttsche), scheint uns die Zeit zur Veröffentlichung gekommen. Da sich in diesem Themenkreis späte, von Hans Höller kommentierte Gedichte (*Letzte unveröffentlichte Gedichte*, Suhrkamp, 1998) einfügen, haben wir aus diesem Band die dem offenen Nachlaß entstammenden Gedichte *Schallmauer*, *In Feindeshand*, *Jüdischer Friedhof*, *Wenzelsplatz* und *Poliklinik Prag* mit aufgenommen. Die Texte wurden lesbar gemacht, ohne einer textkritischen Edition vorgreifen zu wollen.

Geschrieben wurden diese Gedichte in Zürich, Berlin und Rom, den Lebensstationen Ingeborgs der letzten Jahre, in der Zeit zwischen 1962 und 1964, einige auch später. Hinweise auf reale Orte sind vielfältig, und vielfältig ist die Verbindung mit dem Prosawerk. Eine genaue chronologische Zuordnung der Texte ist nicht rekonstruierbar, denn Datierungen sind nicht vorhanden.

Ähnlich dem Prosawerk kehren Motive und Zitate in neuen Ansätzen immer wieder, daher haben wir fast alle Textvarianten aufgenommen und nur bei solchen Blättern, die inhaltlich keine wesentlichen Veränderungen aufweisen, die vollständigste Variante gewählt. Die Anmerkungen zur Textgrundlage wurden von Frau Gisela Fichtl erstellt.

Die Faksimiles der handschriftlichen Texte illustrieren die Arbeitsweise Ingeborgs und machen sichtbar, daß man es vielfach mit Fragmenten und Versuchen, aber nicht mit Endfassungen von Gedichten zu tun hat.

Die schönen Worte haben in diesen Versen dem Entsetzen Platz gemacht, dem Schmerz, der Todesnähe. Sie drücken die Trauer um die verlorengegangene Poesie und die Leiden der Kreatur aus und sind gleichzeitig eine unerbittliche Kritik an der Gesellschaft. Keine schönen Metaphern werden bemüht, um die Verstörung und Auslöschung sichtbar zu machen.

Der Mensch ist verletzt, verkauft und verraten in einer Welt, in der die Lieblosigkeit umgeht, doch wird die Hoffnung auf die Zeit, in der die Menschen wieder begabt sein werden für die Liebe, nicht aufgegeben. *»Terra nova ... ultima speranza«.*

Isolde Moser und Heinz Bachmann

Vivere ardendo e non sentire il male

Gaspara Stampa

Eintritt in die Partei

Ist denn ein Mensch nichts unter Brüdern wert?
Verleumdet und bespien, verhöhnt, verlästert,
wer weiß es nicht, für eine Guttat, die sich nicht beweist.

Die Ehre, verkauft an jedem Stammtisch.
In aller Mund als eine dreckige Anekdote.
Das Unmaß eines Gefühls ermordet
von geschäftiger Nutznießerei.
Mit der Aufstellung der Einnahmen
beschäftigt die Skrupellosigkeit.

Ein Leben, ein einziges, zum Experiment
gemacht. So ists gelungen. Vollbracht.

Auch das Kaninchen, im Labor, aufgedunsen,
das sein Fell läßt nach dem Versuch,
auch die Ratte, abgespritzt, ohnmächtig
wird den Arm ihres Mörders nicht zerfleischen.
Auch die Fliege, gegen die eine Flitspitze
sich richtet, die Mücken, die eine Charta
der Mückenrechte noch nicht in Anspruch nehmen
sind meine Genossen.

Ich nehme in Anspruch meine Wenigkeit.
Wenn aber Gott Fleisch geworden ist
und ins Reagenzglas kommt und Farbe
bekennt, wenn er die Liebe sein sollte
und ich zweifle, daß etwas sein könnte
von dieser Art, wird mich das wenig trösten.

Ich weiß, daß man die Opfer hier zwingen muß,
zueinander, ohne Vereinbarung noch.
Fliegenart will ein paar Tage, der Paria
einen Blick in den Kastenschlitz, die Ratte,
die Ich, die gänzlich Erniedrigten, wollen
die Rache, eh sie geschändet sterben –
wollen ein Wort des Bedauerns.

Die Kommune verzichtet.
Das Kapital einer zinsentragenden Grausamkeit
steht gegen das Kapital eines abnehmenden
Schmerzes.
Diese Gesellschaft richtet sich dennoch selbst.

Sterben ist es nicht, Aufstehen
ist das Wort. Ohne Verständnis
für die Ausbeutung diese Ausbeutung
beenden. Es komme die Revolution.

Es komme, so mag es denn kommen.
Ich zweifle. Aber es komme
die Revolution. auch von meinem Herzen,

Meine Gedichte sind mir abhanden gekommen.
Ich suche sie in allen Zimmerwinkeln.
Weiß vor Schmerz nicht, wie man einen Schmerz
aufschreibt, weiß überhaupt nichts mehr.

Weiß, daß man so nicht daherreden kann,
es muß würziger sein, eine gepfefferte Metapher.
müßte einem einfallen. Aber mit dem Messer im Rücken.

Parlo e tacio, parlo, flüchte mich in ein Idiom,
in dem sogar Spanisches vorkommt, los toros y
las planetas, auf einer alten gestohlenen Platte
vielleicht noch zu hören. Mit etwas Französischem
geht es auch, tu es mon amour depuis si longtemps.

Adieu, ihr schönen Worte, mit euren Verheißungen.
Warum habt ihr mich verlassen. War euch nicht wohl?
Ich habe euch hinterlegt bei einem Herzen, aus Stein.
Tut dort für mich, Haltet dort aus, tut dort für mich ein Werk

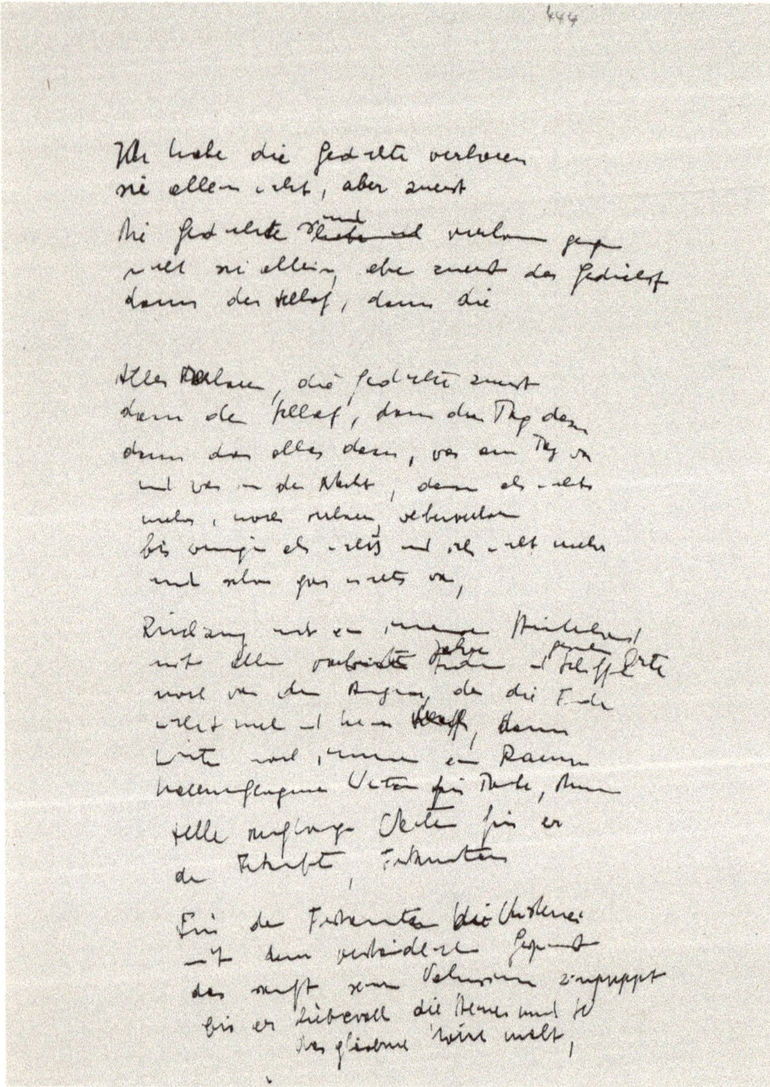
Ich habe die Gedichte verloren
wie allen nicht, aber zuerst

Die Gedichte und [illegible] verloren gegangen
nicht wie allein, aber zuerst das Gedicht
dann der Schlaf, dann die

Alles verloren, die Gedichte zuerst
dann den Schlaf, dann den Tag dazu
dann das alles dazu, was am Tag war
und was in der Nacht, dann ich nicht
mehr, wozu sehnen, schweben
bis ewig ich nichts und ich nicht mehr
und schon gar nichts war,

Rückgang mit einem immensen Stilleben,
mit allen verbrieften Jahren und Schlafplätze
nach vor den Augen, als die Ende
nicht mehr und [illegible], dann
Wörter mal, immer ein Raum
wasserumfangene Orte für Nacht, dann
helle umfangene Orte für er
die Schrift, Erkennen,

Für die Erkennten die Unkenntnis
auf dem verschiedenen Gesicht
das nachts vom Schwarzen zugeklappt
bis er silbervoll die Sterne und so
das gläserne [illegible] nicht,

Ich habe die Gedichte verloren
sie allein nicht, aber zuerst

Die Gedichte sind verloren gegangen
nicht sie allein, aber zuerst das Gedicht
dann der Schlaf, dann die

Alles verloren, die Gedichte zuerst
dann den Schlaf, dann den Tag dazu
dann das alles dazu, was am Tag war
und was in der Nacht, dann als nichts
mehr, noch verloren, weiterverloren
bis weniger als nichts und ich nicht mehr
und schon gar nichts war,

Rückzug muß ein inneres Hinterland
mit allen verbriefte Jahre und gesehene Orte
noch vor den Augen, da die Erde
nicht mehr und keine Schmach, dann
hinten noch immer ein Raum
krallenumflogene Weiten für Taube, Stumme
Helle ruflange Weiten für er
die Ankunft, Erstummter

Für den Erstummten die Wüstenei
mit dem verständlichen Gespinnst
das sanft seinen Wahnsinn einpuppt
bis er das gläserne Hotel malt,

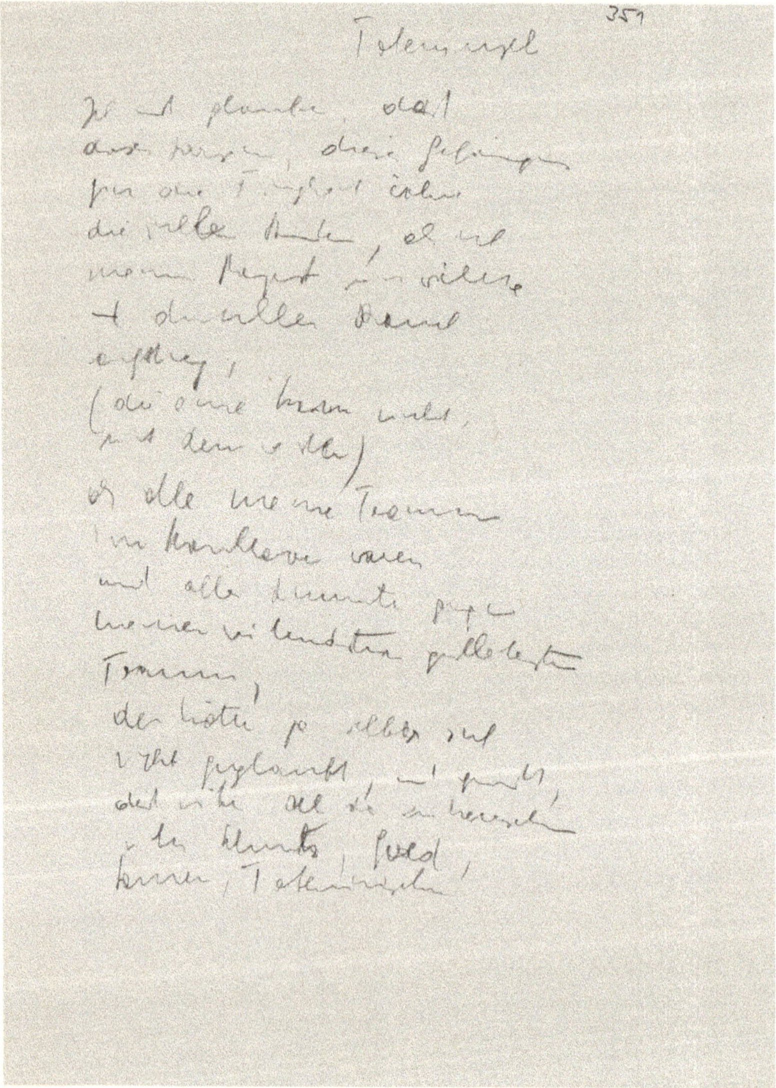

TOTENINSEL

Ich muß glauben, daß
dieser Irrsinn, dieses Gefängnis
für die Ewigkeit währt
die vielen Stunden, als ich
meinen Papst mir wählte
und dunkler Rauch
aufstieg,
(die eine Kerze nicht,
mit dem weißen)
als alle meine Träume
im Konklave waren
und alles stimmte gegen
meinen wütendsten gescheiterten
Traum,
der hätte ja selber sich
nicht geglaubt, und gewußt,
daß über all das zu herrschen
über Schmutz, Gold,
Samen, Toteninseln

Kardinalfehler

Sich messen an Päpsten
und Gläubigen, selber
zum Papst und zum Gläubigen
nicht bestellt, ein ungläubig
erhobener zu sein, dem auch Lumpen
scharlachrot werden, dem Mützen
wegfliehen und kein Hut steht
satanische Existenz

Kein Zeugnis ablegen

Kein Zeugnis ablegen, schweigen, leben,
das vorgeschriebene Leben, leben,
die Sonne, die nichts an den Tag bringt,
die Sonne auch nicht bemühen, niemand
bemühen.
Es ist eine Mühe, zu hoffen nicht, zu fürchten nichts.

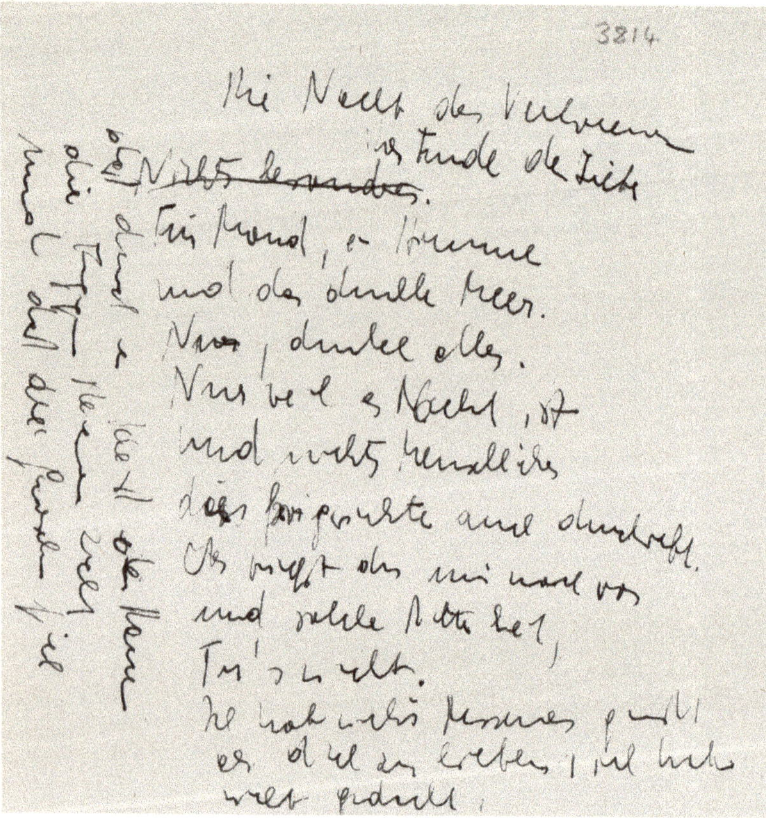

Die Nacht der Verlorenen
Das Ende der Liebe

Ein Mond, ein Himmel
und das dunkle Meer.
Nur, dunkel alles.
Nur weil es Nacht ist
und nichts Menschliches
dies feingewirkte auch durchwebt.
Was wirfst du mir noch vor
und solche Bitterkeit,
Tu's nicht.
Ich hab nichts Besseres gewußt
als dich zu lieben, ich hab
nicht gedacht,
daß durch den Schweiß der Haut
die [– -] Welt
und daß der Groschen fiel

Ich weiß keine bessere Welt.
Die schwachsinnige Moral der Opfer läßt wenig hoffen.

Eine verruchte Frage, auf Ehre, allein,
kommt dem Gefolterten, dies Überlebens
sich wert zu zeigen, im Angriff, abzulegen
die schwachsinnige Moral der Opfer
sich zu erheben, dieses Geröchel
nicht mehr zu werben um eine Stunde.
an die Gefolterten, ob dies Geröchel noch
Werbung ist, für die schwachsinnige Moral
der Opfer.
Die verruchten Fragen gehn jetzt allein
an die Gefolterten
Auf die verruchten Fragen kommt sie
eines Tages, die lautlose, tätige Antwort.

Auf verruchte Fragen, nicht die seligen,
gibt es nicht auf die seligen,
der die da leiden
auf die verruchtesten
finden sich eine Antwort.
der die da leiden, lassen sich stellen.
Die schöne Seele

Ich weiss keine bessere Welt

Wer weiß eine bessere Welt, der trete vor.
Allein, nicht mehr in Tapferkeit, und diesen Speichel nicht abgewischt
diesen Speichel, im Gesicht ihn tragen,
als ging es zur Krönung, und dies vergolten, es geht zur Kommunion,
und unter Brüdern. Das schwache Kaninchen,
die Ratte, und die da fallen, sie alle,
allein nicht, mehr, ein Schrecken schon,
Traum von der Wiederkehr
im Traum von der Bewaffnung, im Traum
von Wiederkehr.

Bis zur Wiederkehr. Aber man sagt,
du kommst nie mehr. Es kommt
nur mehr eine andere Nacht.

Noch immer nicht verziehen,
wie wahr, mit den wilden
Anschuldigungen im Kopf,
immer noch nicht begriffen,
daß die Kreatur nicht geachtet werden muß,
immer noch nicht eingesehen,
was zu kämpfen ist gegen einen
Verweigrer des Kampfes.
Ich weigere mich, berufe
mich auf Dein Herz, daß
wenn du keins hast, dir eingepflanzt
worden ist von mir,

Eingepflanzt habe ich dir ein Herz,
einen Kult getrieben mit der Begeisterung
über seine sanften Schläge, zuweilen.
Eingepflanzt habe ich meine Freundlichkeit,
mein Lachen und eine Zukunftsmusik.
in die Dürre einer abgeernteten Brust.
Ich habe geliebt wie die Wilden,
begeistert von der Liebe und jedem Tag.
Angebetet, Wurzeln verbrannt, jedem Klimbim
zu einem Fest verholfen, nachgeplappert jedes
Wort und meine Angehörigkeit vergessen.
Ich war das längst nicht mehr.

Aber wer bin ich jetzt, selber mit
Feuerschlucken, nicht mehr vertraut
Das Herz schlägt nicht mehr.
Wie wird das enden? Ich bin langweilig
geworden und so langsam, und so kalt,
daß ich ohne meinen Schmerz nicht mehr am Leben wäre.

Müd und untauglich
in jeder Gesellschaft
am Ende,
am Ende ist
der Anfang von
Tagtraum und Erinnerung,
am Ende ist also
sodann das was nicht
sein soll,
es ist am Ende

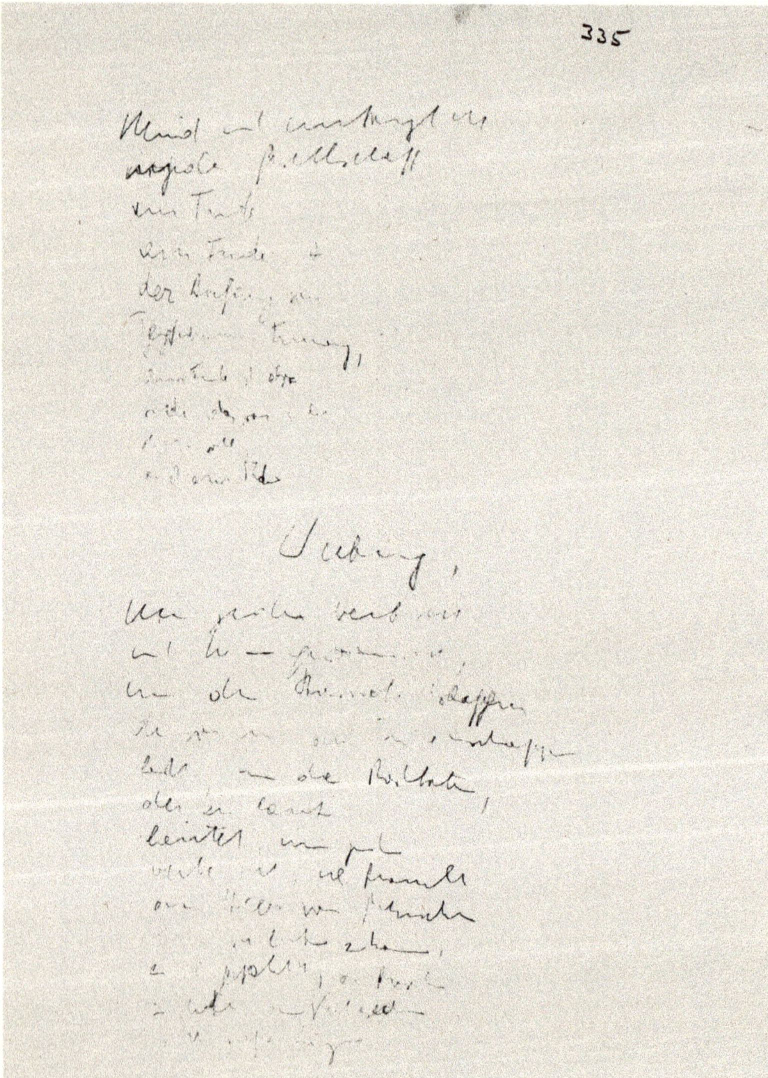
335

Werbung,

um jeden werb ich
und keinen gewinn ich,
um den Straßenbahnschaffner
der vor mir die Tür einschnappen
läßt, um den Postboten,
der zu laut
läutet, um jeden
werb ich, ich brauch
ein Heer von Menschen
um sie lieben zu können,
es ist gefährlich, die Menschen
zu lieben, ein Verbrechen
sich aufzudrängen

Ach

Gehört zu keiner Gruppe
gehört zu niemand und nichts
gehört sich selbst nicht an
gehört ihm auch der Gedanke, der ungestört,
nicht an, was also

daß im Triumph alle Tore
aufgehn und herein
mit einer Musik
zieht er, der Ohnewas
und herein zieht
mit Trauer
hochgemut, zieht der
Gott, der einer ist,
zieht die Parodie,
dessen der ist,
komm ich
um der nackten
Gewalt
und der gutgekleideten
Gewalten
zu trotzen.

Geh ich,
der einer ist
und noch sein will
ohne Musik, ohne Trotz
sein will ich und forthin
dauern, nicht zum Trotz,
aber trotzdem.

FÜR C. E.

daß ich Zeit verliere, nicht antworte,
so esse und schlafe und lese und auch Musik,
daß ich so, nicht bin, das nicht, daß ich
so lebe

Und gehe mit diesen Socken und erdigen Schuhn
durch das verrottete Gras und die Weinberge,
daß ich so lebe, alles ablege, auch eine gelinde
Hoffnung, es könne anders sein, ein Flugzeug
würde nicht fliegen, ein Gesicht auf mich zukommen,
nicht wieder, sondern endlich, ich leb es mir vor.

Und rühre mich nicht, trinke den Tee und schlafe
schlecht. Aber ich lebe mir vor, erwürgt von Banalitäten,
lebe ich mir ein Leben vor, in dem es rot blüht,
Bescheidenheit ist das nicht, sondern auslöschen,
ein Einverständnis mit Freude, die langweilig ins Gesicht tritt,
der Komplice der Banalität und des Zeitvergehens, und
der wilde

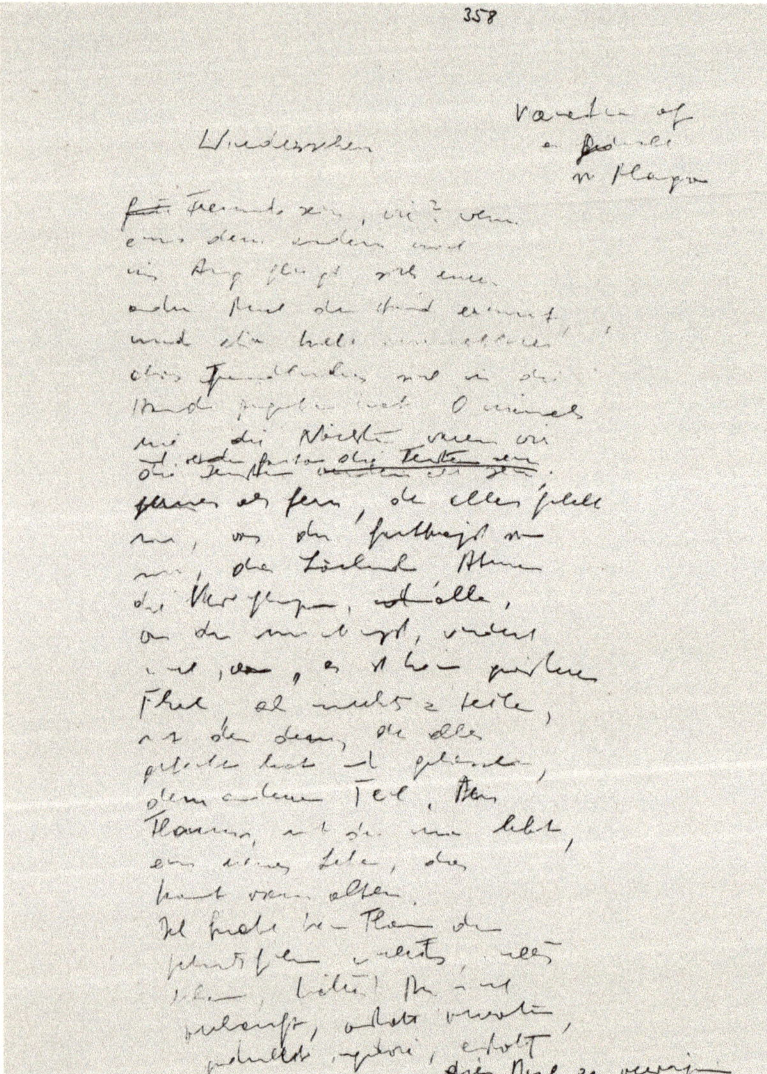
358
Wiedersehen

WIEDERSEHEN

Variation auf ein Gedicht von Plaga

Freunde sein, wie? wenn
eins dem andern noch
ins Aug fliegt, sich eines
andern Mal der Hand erinnert,
und etwas [– –]
etwas Freundliches sich in die
Hand gegeben hat. O niemals
nie, die Nächsten waren wir
und werden fortan die Fernsten sein.
ferner als fern, da alles gelebt
war, was du fortträgst von
mir, das Lächeln, Atmen
die Verzweiflungen, alles,
was du mir bringst, wundert
mich, denn „es ist kein größerer
Fluch, als nichts zu teilen,
mit dem der, das alles
geteilt hat und gelassen,
dem anderen Teil.[“] Den
Flaum, mit dem man lebt,
ein neues Leben, das
kommt vom alten.
Ich habe keinen Flaum den
Schutzfilm nichts, nichts
bekommen, hättest Du mich
verkauft, anstatt verraten,
geduldet irgendwie, anstatt
Dich zu verweigern

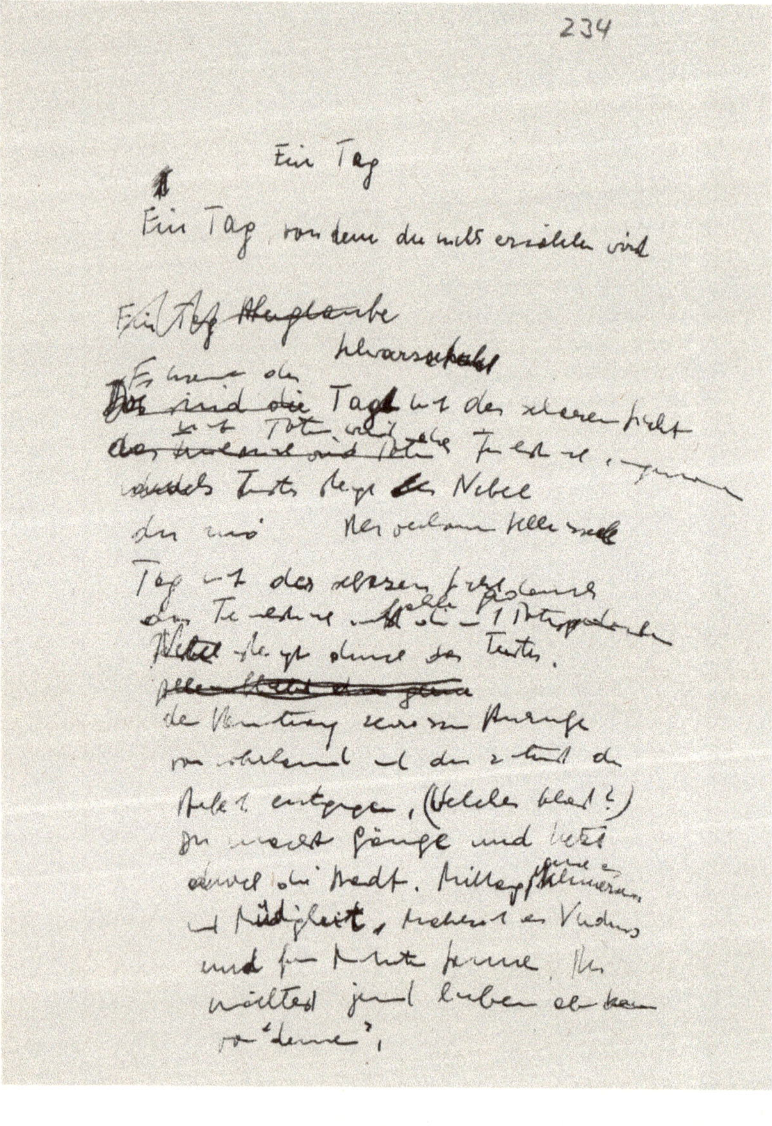

234

Ein Tag

Ein Tag, von dem du nichts erzählen wirst

EIN TAG

Ein Tag, von dem du nichts erzählen wirst

Schwarzsicht

Es kommt der Tag mit der schwarzen Sicht
mit Toten wird das Frühstück eingenommen
durchs Fenster steigt Nebel
du [– –] den verlorenen Schlüssel

Tag mit der schwarzen Sicht
das Frühstück mit fahlem Gestank dient Todesgedanken
Nebel steigt durch das Fenster.
den Vormittag zerreissen Anrufe
von überland und du zitterst der
Arbeit entgegen, (Welcher bloß?)
Du machst Gänge und hetzt
durch die Stadt. Mittag [– –] Schmerzen
und Müdigkeit, Mahlzeit aus Verdruß
und für Minuten Sonne. Du
möchtest jemand lieben aber keinen
von „ denen“,

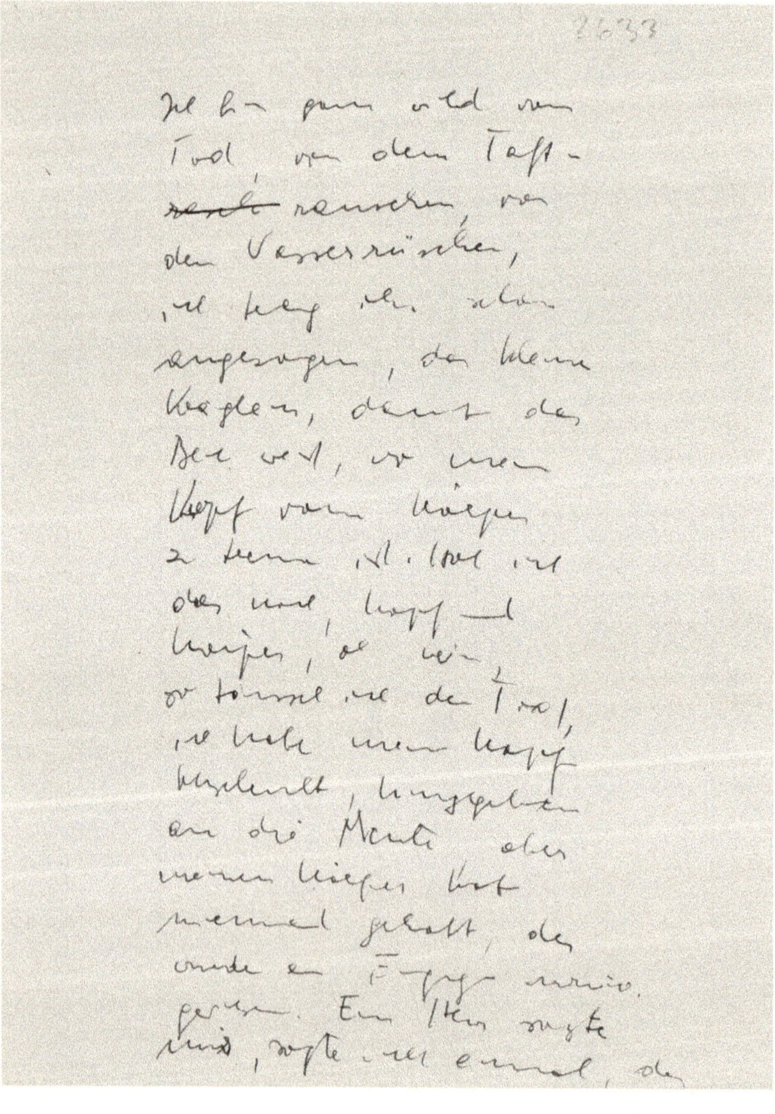
2633

Ich bin ganz erfüllt vom
Tod, von dem Taft-
~~[illegible]~~ rauschen, von
den Wasserrüschen,
ich trage ihn schon
angezogen, den kleinen
Knöpfchen, damit das
Bett weiß, wo mein
Kopf vom Körper
zu trennen ist. Weil ich
das nie, Kopf und
Körper, oder wie,
wo trennt sich der Tod,
ich habe meinen Kopf
verschenkt, hingegeben
an drei Männer oder
meinen Körper hat
niemand gehabt, der
würde ein [illegible] [illegible]
geworden. Ein Herr sagte
mir, sagte mir einmal, der

Ich bin ganz wild von
Tod, von dem Taft –
rauschen, von
den Wasserrüschen,
ich trag ihn schon
angezogen, das kleine
Kräglein, damit das
Beil weiß, wo mein
Kopf vom Körper
zu trennen ist. Hab ich
das noch, Kopf und
Körper, oh nein,
so täusch ich den Tod,
ich habe meinen Kopf
verschenkt, hingegeben
an die Meute, aber
meinen Körper hat
niemand gehabt, der
wurde am Eingang zurück-
gewiesen. Ein Herr sagte
mir, sagte nicht einmal, das

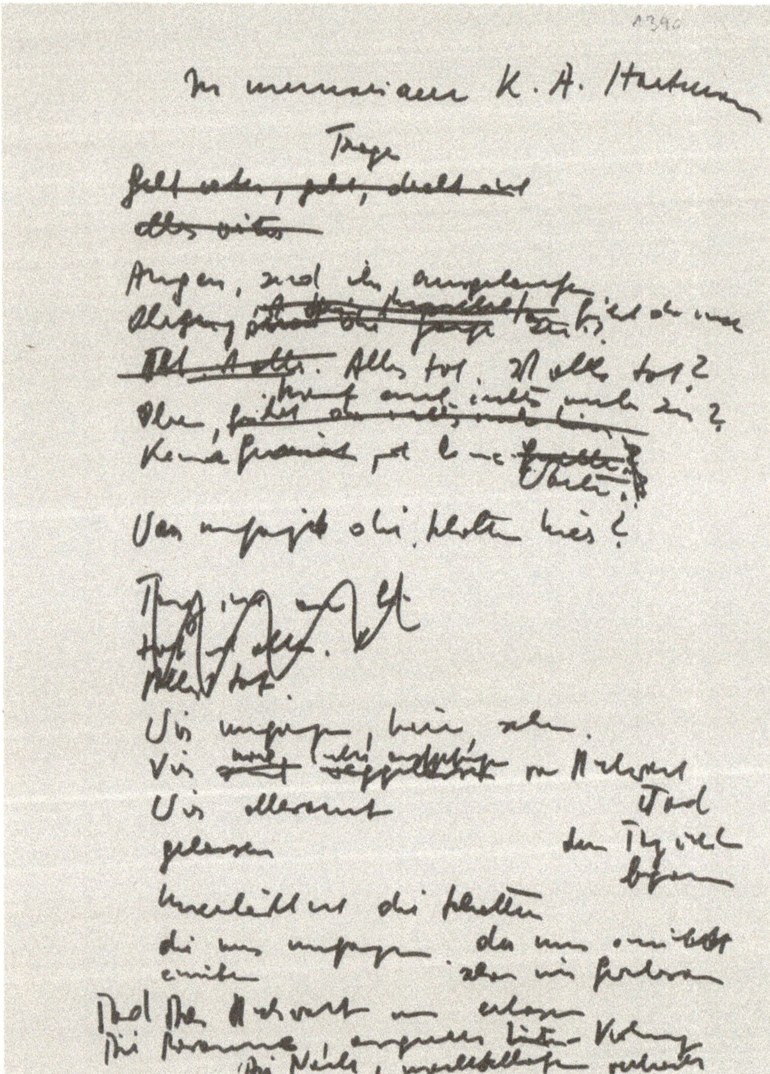

IN MEMORIAM K. A. HARTMANN

Frage

Augen, seid ihr ausgelaufen
Ohrgang fühl da einer
Alles tot. Ist alles tot?
Ohren, kommt auch nichts mehr zu?
Kein Geräusch und keine Worte.

Was umfängt die Schatten hier?

Wir umfangen, hören, sehen.
Wir noch nicht aufgefangen vom Stichwort Tod
den Tag nicht begonnen
Wir allesamt
gelassen

Unerläßlich die Schatten
die uns umfangen.
einüben
der uns einübt schon ins Gewahrsam
Tod Das Stichwort uns erlassen
Die Posaune, [– –]
Die Nacht, nachtschlafen verbracht

Trauerjahre

Die Jahre laufen nicht ab, im Kaffee
ist Salz, und auf dem Butterbrot,
das muß wohl dahergekommen.
Meine kranken Nachbarn, denen
auch nicht zu helfen ist,
schellen, ich kann nicht öffnen,
ich warte auf jemand andren.

Abschied

Das Fleisch, das gut mit mir gealtert ist,
die pergamentene Hand, die meine frisch hielt,
sie soll auf dem weißen Schenkel liegen,
das Fleisch sich verjüngen, augenblicksweise,
damit hier rascher der Verfall vor sich geht,
Rasch sind die Linien gekommen, etwas gesunken,
schon alles über der straffen Muskulatur.

Nicht geliebt zu werden. Der Schmerz könnte größer
sein, Der befindet sich wohl, dessen Tür zufällt.
Aber das Fleisch, mit der Einbruchslinie an dem Knie,
die faltigen Hände, über Nacht gekommen alles,
das verwitterte Schulterblatt, auf dem kein Grün wächst,
Es hat einmal ein Gesicht geborgen gehalten.

Um hundert Jahre gealtert an einem Tag.
Das zutrauliche Tier ist unter dem Peitschenhieb
um die prästabilierte Harmonie gebracht
worden.

Gerüche

Immer hab ich den Geruch geliebt, den Schweiß,
die Ausdünstung am Morgen, auch die Exkremente,
den Schmutz nach langer Bahnfahrt und in einem Bett.

Mein Geruch ist verdammt geworden, ich war eine
Schnapsfahne in einem wohlbestellten Haus.
Dreimal Baden auch keine Seltenheit. Am Monatsende
bin ich gemieden worden wie ein Kadaver.

Ich habe viel bereut, am meisten aber meinen Geruch.
Am meisten, daß mein Geruch nicht gefallen hat.
Es erzeugt Haß, Rachsucht, Verdammung werden noch so erzeugt.

Im Lot

Eine andere Nacht. Was ins Lot kommt,
vom vielen Schlaf und im Schlaf kommt,
nimm das an. wird eines nachts dich heilen.

Du sollst ja nicht weinen.

Was vom vielen Tag und bei Tag kommt,
aber du sollst ja nicht weinen,
wenn es alle Tage auch kommt,
versuch es zu kennen, es will heilen.

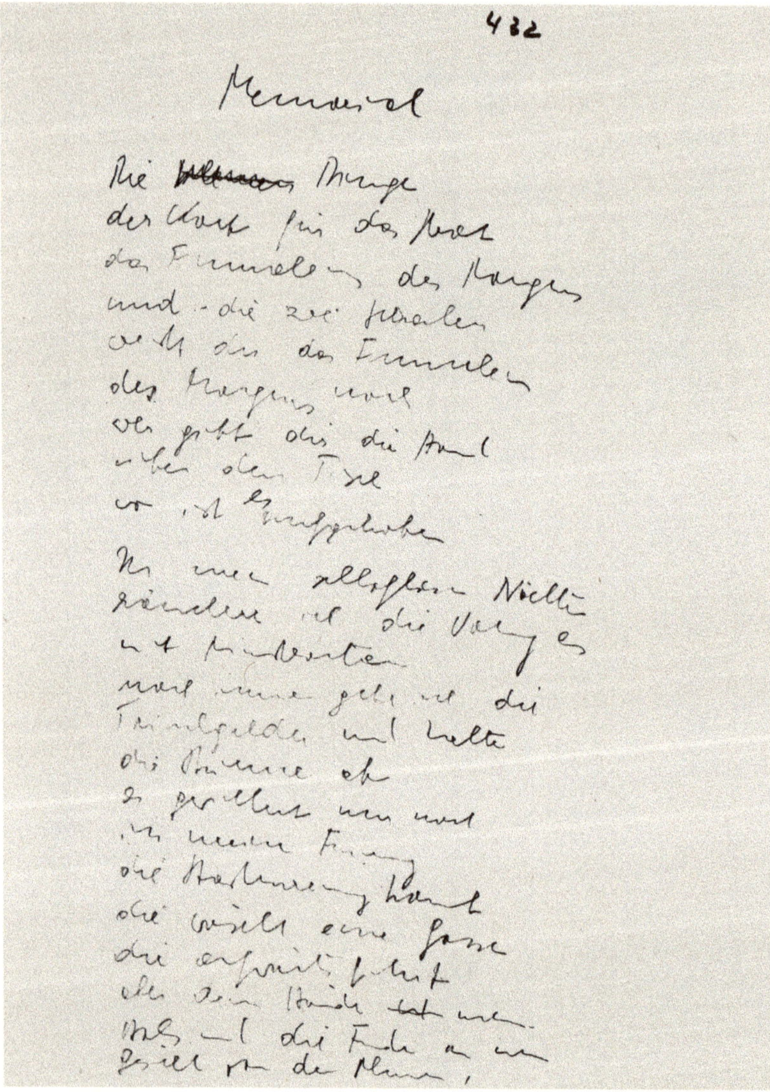

432 a

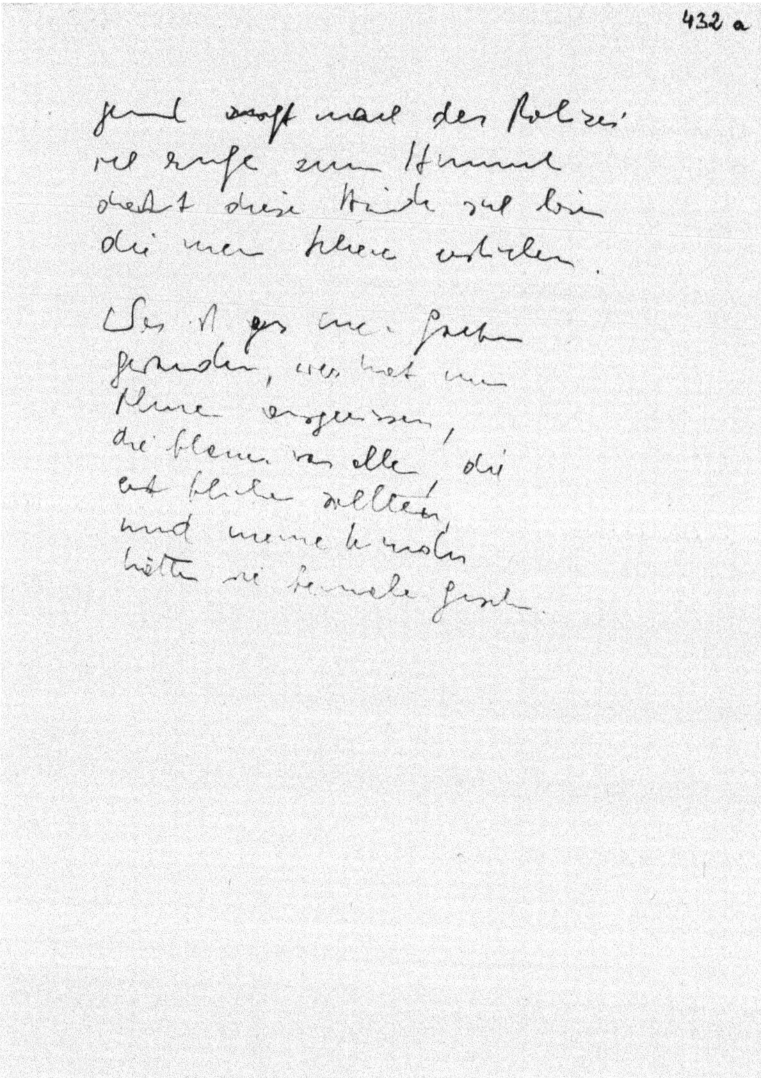
genau sooft nach der Polizei
ich rufe zum Himmel
doch ist diese Sünde gut bei
die man schon [illegible].

Wer ist [illegible] [illegible] [illegible]
gefunden, wer hat eine
Blume ausgerissen,
die Blume von allen, die
erst blühen sollten,
und meine Kinder
hätten sie [illegible] gesucht.

Memorial

Die Dinge
der Korb für das Brot
das Einmaleins des Morgens
und die zwei Schalen
weißt du das Einmaleins
des Morgens noch
wer gibt dir die Hand
über den Tisch
wo ist es aufgehoben

In meinen schlaflosen Nächten
räuchere ich die Wohnung aus
mit Ministranten
noch immer gebe ich die
Trinkgelder und halte
die Stürme ab
es gewittert nur noch
in meiner Erinnerung
die Straßenreinigung kommt
die wäscht eine Gasse
die aufwärts führt
aber deine Hände um meinen
Hals und die Erde an meinem
Gesicht von den Blumen,
jemand ruft nach der Polizei
ich rufe zum Himmel
daß diese Hände sich lösen
die meine Schreie ersticken.

Was ist aus meinem Garten
geworden, wer hat meine
Blumen ausgerissen,
die blauen vor allem, die
erst blühen sollten,
und meine Kinder
hätten sie beinahe gesehen.

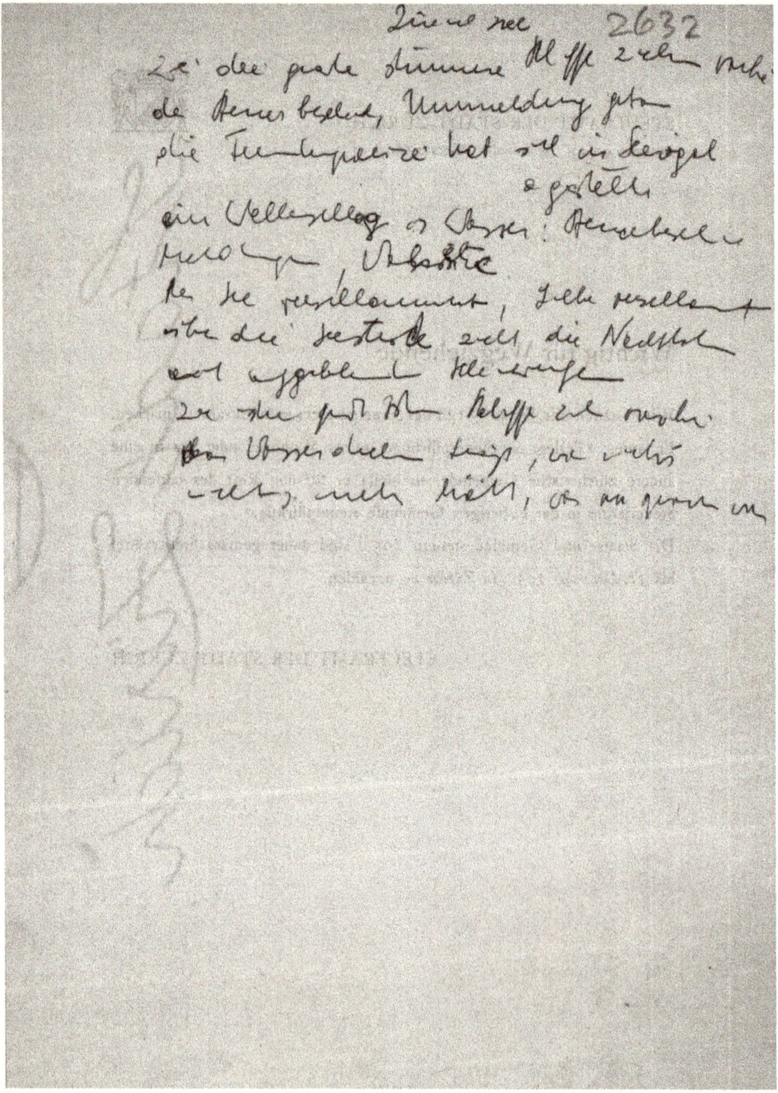

Zürichsee

Zwei drei große stumme Schiffe ziehen vorbei
der Steuerbescheid, Ummeldung getan
die Fremdenpolizei hat sich in Seevögel angestellt
ein Wellenschlag ins Wasser: Steuerbescheid
Meldungen, Wohnsitze
Der See verschlammt, Liebe verschlammt
über die Seestraße zieht die Nachtbahn
mit aufgeblendeten Scheinwerfern
zwei der größten Schiffe ziehn vorbei
das Wasser[– –] trägt, wo nichts
nichts mehr hält, was versprochen war

Grippe und andere Krankheiten

Andere Krankheiten
zehn auf einmal
hab du, zehn auf einmal
sei krank die Zehn sperrangelweit
Schorf, am Bein ein Klopfzeichen
im Bauch Wackersteine
in der Brust Sechseläuten
im Arm Goldfieber
im Finger den Span
in der Nase den
in den Augen
die belegte Welt, speichelnde
in den Augen die Finsternisse
vom letzten Weltuntergang
aber im Kopf,
aber zuoberst
den Stein am Bein
im Kopf
einen Druck,
daß das Universum
beinah durchschaut auffliegt
wie ein bilanzfälschendes Unternehmen
der ganze orbiscato
kakophonicus
vitte
eine andere Krankheit
Ach.

Diavolezza

Das Seil reißt, zur Diavolezzahütte

Die Teufelshütte erreichen,

Das Seil, das Seil

Grog trinken, Fahnen ausatmen
und im Schnee die Hunde
balgen sich, verbellen die Luft
verschnattern die Luft die Grogtrinker
auf der Teufelshütte
das ist ein Heimweg,
anvertraut einem Seil,
das führt heim, da hängt
am Seil eine Menschentraube
und fährt
rast, das Seil,
in der Hölle

Oben treibt ein Papier
an Schienen fressen die Dohlen,
da treibt ein Blatt drauf
steht
Geschenkt ist
der Tod

Tessiner Greuel

Ich hatte da ein schönes Haus.
Dann wurde der Zugang gesperrt.
Die Kleider habe ich aus dem Staub
habe ich aufgehoben, einem ärmeren geschenkt,
die bloß Kleider brauchen.
(Steht mir nicht, kein Zynismus.)

Enteignet, Zuzug gesperrt.
Baustellen, keine Einfahrt.
Kleider nachgeworfen, ein
Teller dazu, danke gesagt,
obwohl wegen harter Erdberührung
alles zerbrochen.

Blühender Bezirk, auf
der Durchreise ein totes Kind,
rasch beerdigt, wegen Sommergästen.
In den prächtigen Obstgärten
haben die Freunde sich rechtzeitig
zur Ruhe gesetzt.

Julikinder

Kraft unsrer Kraft ungeborenen,
meine Kinder im Juli, die Ungeheuer
die zappeln mit dem verstümmelten Bein, man weiß nicht,
den Beinstumpf, man weiß nicht,
den verlorenen Kopf.
Kraft unsrer Kraft
den Kopf verloren,
meine lieben Kinder
nichts gelehrt hätt ich sie
aber verköstigt verliebt gemacht
in andre, in Luft Wind
Tausenderlei im Juli
es wär immer Juli gewesen
ihr Monster genährt
von meiner Zärtlichkeit
die gilt euch Luftgespenstern
Weltveränderern, ihr hättet
sie mir verändert die Welt
und verändert nun mich
auf Tod hin, auf Zärtlichkeit
bis in den Tod für andres
Luft Wind den Fetzen Papier
den ich zerreiße, eh einer lesen
kann was geschehen ist
wie man euch herausgerissen hat aus mir
mich zerrissen, mich den Fetzen
Papier zerrissen, denn noch
kann niemand lesen.

Das Kind

Gewiß hätte es noch ärmere Kinder
gegeben, da ist immer noch eines,
um das es ärger steht noch stiller ist.
Krüppelkind, es ist an der Zeit,
dich zu begraben, das Grausen
darüber, täglich, von acht bis acht
und auch nachts sind die Türen
noch offen, einzustellen.
Das Schild vorzuhängen. Geschlossen.
Die Vorstellung meiner Dramen,
nie zugänglich, mir selber nicht
hindert mich, zu den andern gehen.
Vieles lebt, wird gelebt,
wenn ich dich abschließe,
ist es nicht, weil ich vergesse.
Wir müssen beide aber zur Ruhe kommen,
Du sagst es mir, schon seit langem.
Ich laß Dich in Frieden, nach
einem Vertrag, in dem nach den Wirren
den wahnsinnigsten steht. Hier sind unsere Grenzen.
Mag unsre Natur zuwiderhandeln –
unsre Vernunft ist auch da, die
leise Korrektur vorzunehmen, die
Marksteine hinstellen, nach dem Vertrag.

An jedem dritten des Monats

trifft kein Brief ein, als Antwort auf ein Datum,
da könnte geschlachtet werden, oder ein Kind gezeugt werden,
das auch geschlachtet wird, die Kinder merken es nicht.

Dann sagen sie eines Tags, du sollst ja nicht weinen.
Dann läßt man merken eines Tags, für sowas bezahlen wir nicht,
für sowas sind wir nicht da, da sind wir schon weg,
es geht uns nichts an, geht niemand was an.

Eines Tags fährt man in die Mongolei und ist unsichtbar,
für Kinder, die es nicht gibt, zahlen wir nicht,
die fahren alle in die Mongolei, die nicht zahlen wollen.

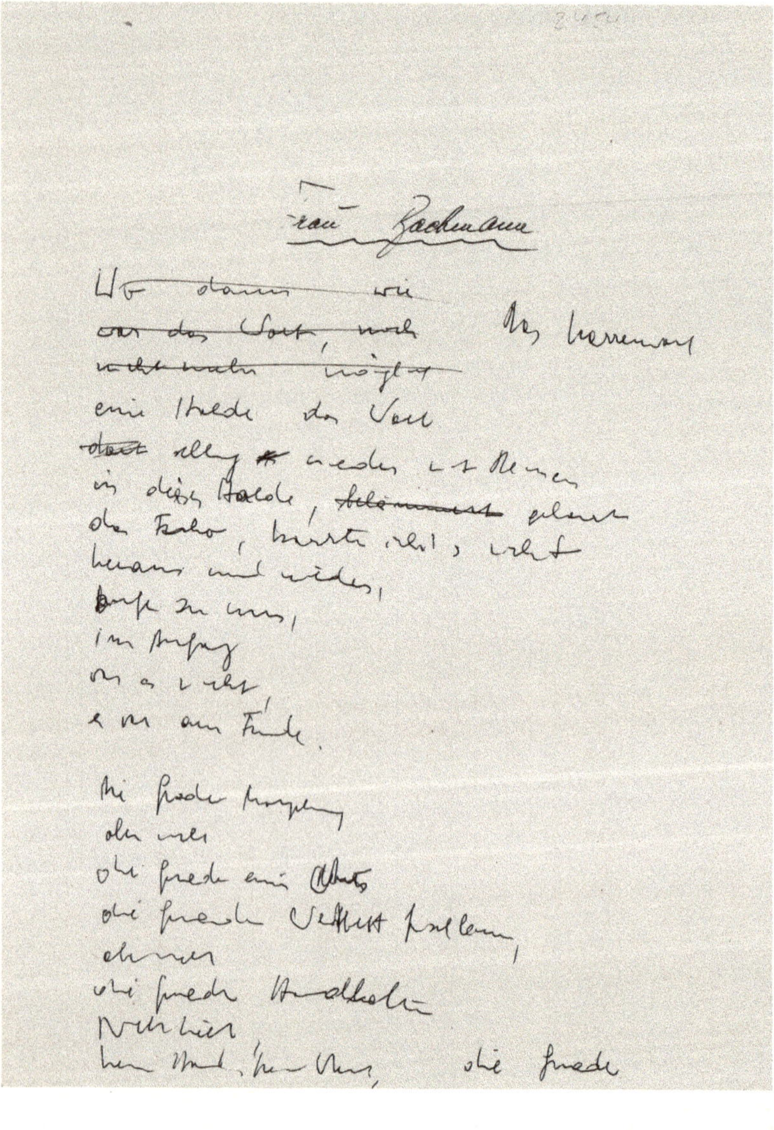

Das Narrenwort

eine Halde das Wort
schlug nieder mit Steinen
in dieser Halde, gekarrt
das Echo, karrte ich's nicht
heraus und wieder,
rufe zu uns,
im Anfang
war es nicht,
es war am Ende.

Die Gnade Morphium,
aber nicht
die Gnade eines Worts
die Gnade Weißbett frischleinen,
aber nicht
die Gnade Handhalten
Noch hielt
keine Hand, kein Wort, die Gnade

Gloriastrasse

Die Gnade Morphium, aber nicht die Gnade eines Briefs,
die Gnade Menschen, Worte, Sprüche, aber nur im Delirium
die einzige Erscheinung, auf die alles wartet,
bei Lebzeiten kein Wiederkommen mehr, nur die Verklärung

Das Böse, nicht die Fehler, dauern,
das Verzeihliche ist längst verziehen, die Messerschnitte
sind auch so verheilt, nur der Schnitt, den das Böse tut,
er heilt nicht, bricht aus in der Nacht, jeder Nacht,

GLORIASTRASSE

Die Gnade Morphium, aber nicht die Wohltat eines Briefs.
Anfragen, Sprüche, gutgemeint von Fremden und Freunden.
Blumen treffen ein über Fleurop. Ein ellenlanges
Telegramm erfordert Anwesenheit, weitab, wer weiß und wozu.

Besucher sitzen, verdammt, im Besuchersessel, erzählen
angestrengt auf die Uhr blickend vor dem Spucknapf und hellem Lack,
husten heraus ihren guten Willen und einen alten Witz.

Eine neue Studie über die Kopfjäger ist erschienen.
Nur unter der Hand zu haben, und in den Händen prickelt es schon.
Die große Visite, angeführt von dem Weißmantel, von der Nacht
steht im Zimmer, allein und hebt das Skalpell, immer die Nacht.

Im soundsovielten Jahr dieses Streckbett, im Jahre des Ruhms
der Pyramidenbahnen und der Vermächtnisse beider Nervensysteme,
des dreieinigen Liquors, aus dem die Haßtauben gezüchtet werden,
bei dem Mark, das noch bleiben wird,
bei dem dreieinigen Liquor und dem Mark, das noch bleiben wird,

und was meinen Ruhm, und was Ruh[m], was ihn begründen wird,
hier wo ich aufstehe und meinen Ländern sage, meine
Länder, ihr wartet, und wartet wo?
Bei dem Mark, das mir bleiben wird, dem Zittern
dieser Hand, führ ich es aus, ich töte, ich
führe mein Herz aus mir, ich schicke
es so weit ich kann, ich kann, ich kann
noch weit, es ist ein wilder Muskel, sie
sagen, es schlägt, und schlägt die Türe zu, und
schlägt
wo ich nicht bin, sie finden mich
in Lache in der Lachen schwimmt, und Wissen.

und suchen ein Herz, in Kügelchen,
in Glasröhren, in einem Schlamm aus
Blut und einem herausgewürgten einem
ausgespienen zwischen Nadeln und

Flaschen und Bandagen,
sie suchen,
sie suchen, der Weißmantel sucht,
visitiert, und ich schenke ihm
willst du ich will
dein Herz dir schenken,

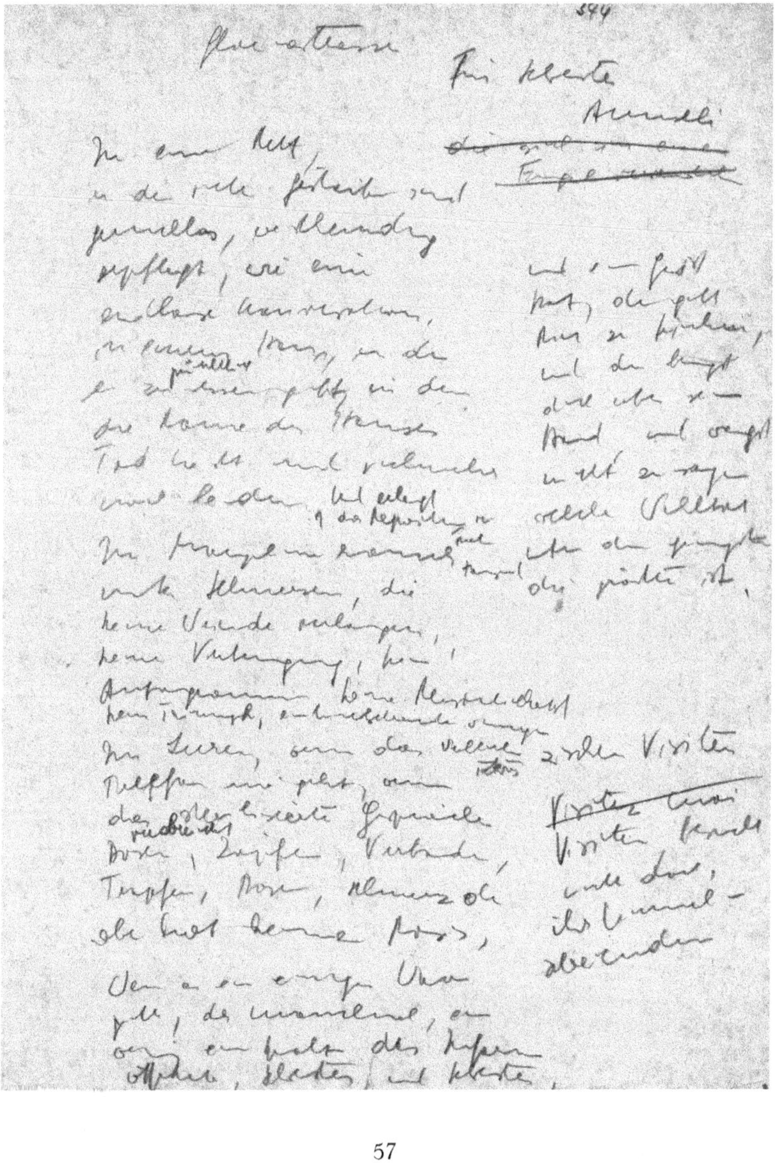

Gloriastrasse

Für Schwester Ammeli

In einem Bett,
in dem viele gestorben sind
geruchlos, weißhemdig
gepflegt, wie eine
endlose Konversation,
in einem Haus, in dem
es pünktlich zu essen gibt, in dem
die Dame des Hauses
Tod heißt und vielmehr
noch leiden. Und erlegt
ist das Depositum von vielen tausend

Im Morphiumrausch
unter Schmerzen, die
keine Wunde verlangen,
keine Verbeugung, kein
Autogramm, keine Menschlichkeit
kein Triumph, ein himmelschreiender wahnsinniger Anblick [– –]
Zwischen Visiten
Visiten, besucht
mich doch
ihr himmelschreienden

Im Leeren, wenn das
Telefon nie geht, wenn
das sterilisierte Gespräch
Dosen verabreicht, Zäpfchen, Verbände,
Tropfen, Dosen, Schmerz der
aber hat keine Dosis,

Wenn es ein einziges Wort
gibt, das manchmal, ein
wenig einen Spalt des Inferno
öffnete, Schwester, und Schwester,
Und ein Gesicht

hat, das gibt
dir zu trinken,
und du beugst
dich über seine
Hand, und wagst
nicht zu sagen
welche Wohltat
unter den geringsten
die größte ist,

Nach vielen Jahren
nach viel erfahrenem Unrecht,
beispiellosen Verbrechen rundum,
und Unrecht, vor dem nach Recht
schreien sinnlos wird.

Nach vielen Jahren erst, alles
gewußt, alles erfahren,
alles bekannt, geordnet, gebucht,
jetzt erst geh ich da, lieg ich da,
von Stromstößen geschüttelt,
zitternd über das ganze Segeltuch
ganz Haut, nach keinem Ermessen,
in meinem Zelt Einsamkeit,
heimgesucht von jeder Nadelspitze,
jeder Würgspur, jedem Druckmal,
ganz ein Körper, auf dem die Geschichte
und nicht die eigne, ausgetragen wird,
mit zerrauftem Haar und Schreien, die
am Bellevue die Polizei dem Krankenwagen
übergibt, auf Tragbahren geschnallt, im Regen,
von Spritzen betäubt, von Spritzen
ins Wachen geholt, ins Begreifen,
was doch niemand begreift.

Wie soll einer allein soviel erleiden können,
soviele Deportationen, soviel Staub, sooft hinabgestoßen
sooft gehäutet, lebendig verbrannt, sooft
geschunden, erschossen, vergast, wie soll einer
sich hinhalten in eine Raserei
die ihm fremd ist und der heult über eine erschlagene Fliege.

Soll ich aufhören, da zu sein, damit dies aufhört.
Soll ich die Qual mir abkürzen, mit 50 Nembutal,
soll ich, da ich niemand in die Hände falle,
aus allen Händen fallen, die morden

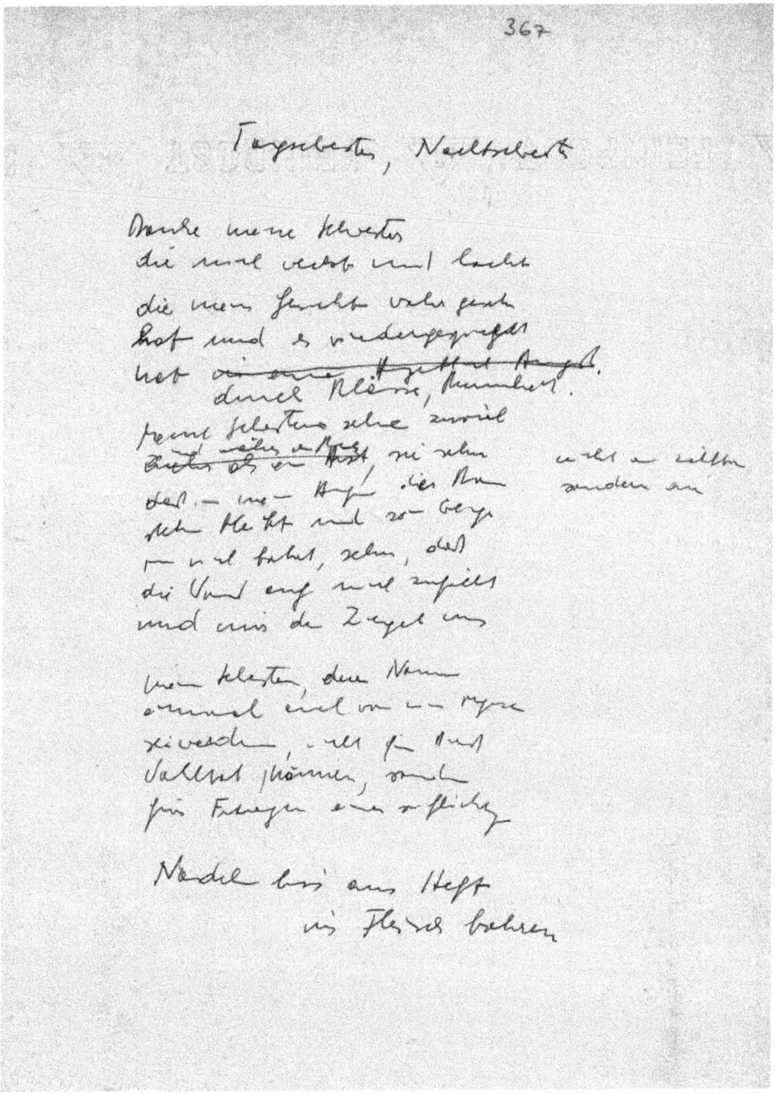

TAGSCHWESTER, NACHTSCHWESTER

Danke meine Schwester
die mich weckt und lacht
die mein Gesicht wahr gesehen
hat und es wiedergespiegelt
hat durch Blässe, Stummheit.

Meine Schwestern sehen zuviel
sind näher <u>am Bett</u>, sie sehn
daß in meinen Augen der Raum
stehn bleibt und seine [– –]
in mich bohrt, sehn, daß
die Wand auf mich zufällt
und mir den Ziegel ins

Meinen Schwestern, deren Namen
einmal auch von mir vergessen
sein werden, nicht für Dienst
Wohltat, Können, sondern
fürs Ertragen eines so flüchtigen

Nadeln bis ans Heft
ins Fleisch bohren

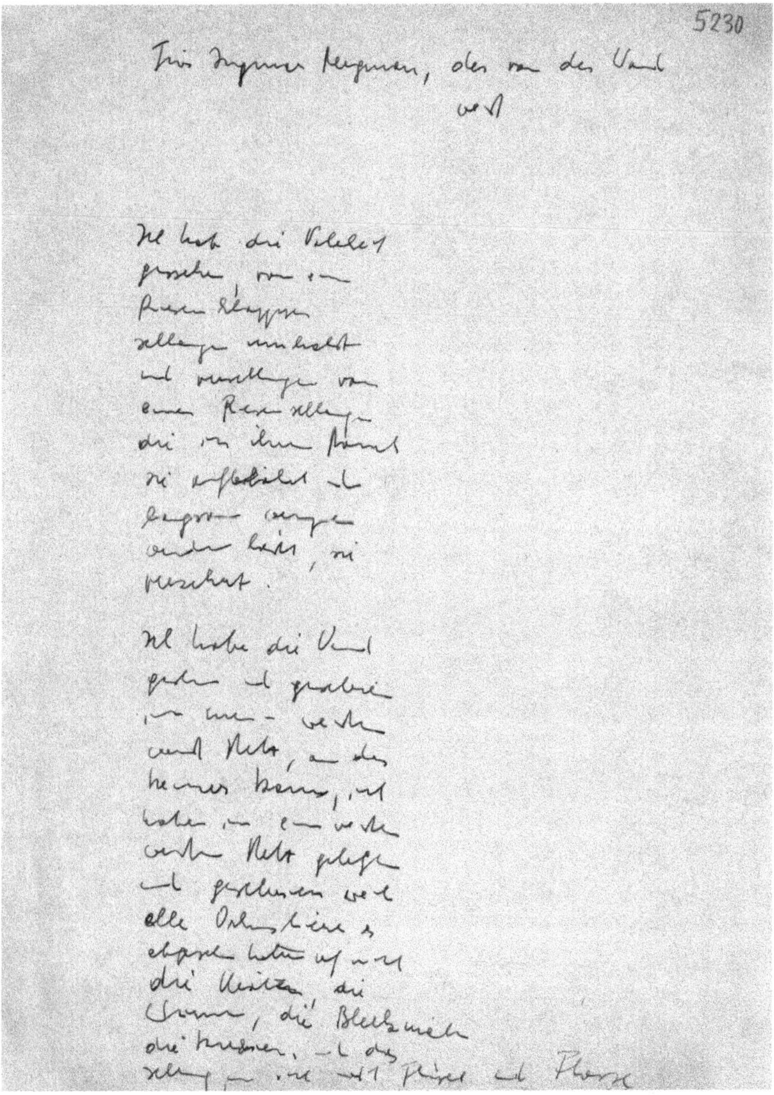
5230

Für Ingmar Bergman, oder von der Unwelt

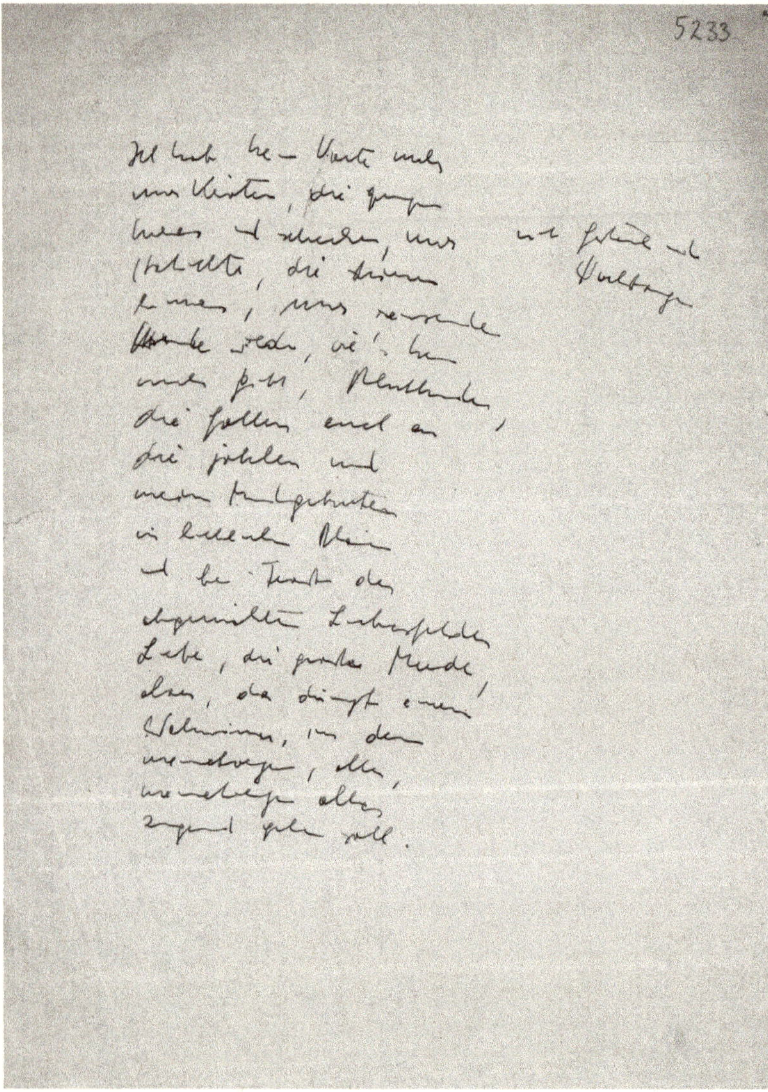

Für Ingmar Bergman, der von der Wand weiss

Ich hab die Wahrheit
gesehen, von einer
Riesenklapper
schlange umhalst
und verschlungen von
einer Riesenschlange
die in ihrem Bauch
sie aufbläht und
langsam vergehen
verenden läßt, sie
verzehrt.

Ich habe die Wand
gesehn und geschrien
in meinem weißen
weißen Bett, an das
keiner kam, ich
habe in einem weißen
weißen Bett gelegen
und geschrien weil
alle Orkustiere es
abgesehen hatten auf mich
die Kröten, die
Würmer, die [– –]
die Saurier, und das
schlug um sich mit Flügel und Flosse

Ich hab keine Worte mehr
nur Kröten, die springen
heraus und schrecken, nur
Habichte, die stürzen
hinaus, nur reißende
Hunde wilde, wie's keine
mehr gibt, Bluthunde,

die fallen euch an
die johlen und
meine Mundgeburten
in lieblicher Bläue
und bei Frost der
abgemähten Liebesfelder
Liebe, die große Merde
alors, das düngt einen
Wahnsinn, in dem
meinetwegen, alles,
meinetwegen alles,
zugrund gehen soll.

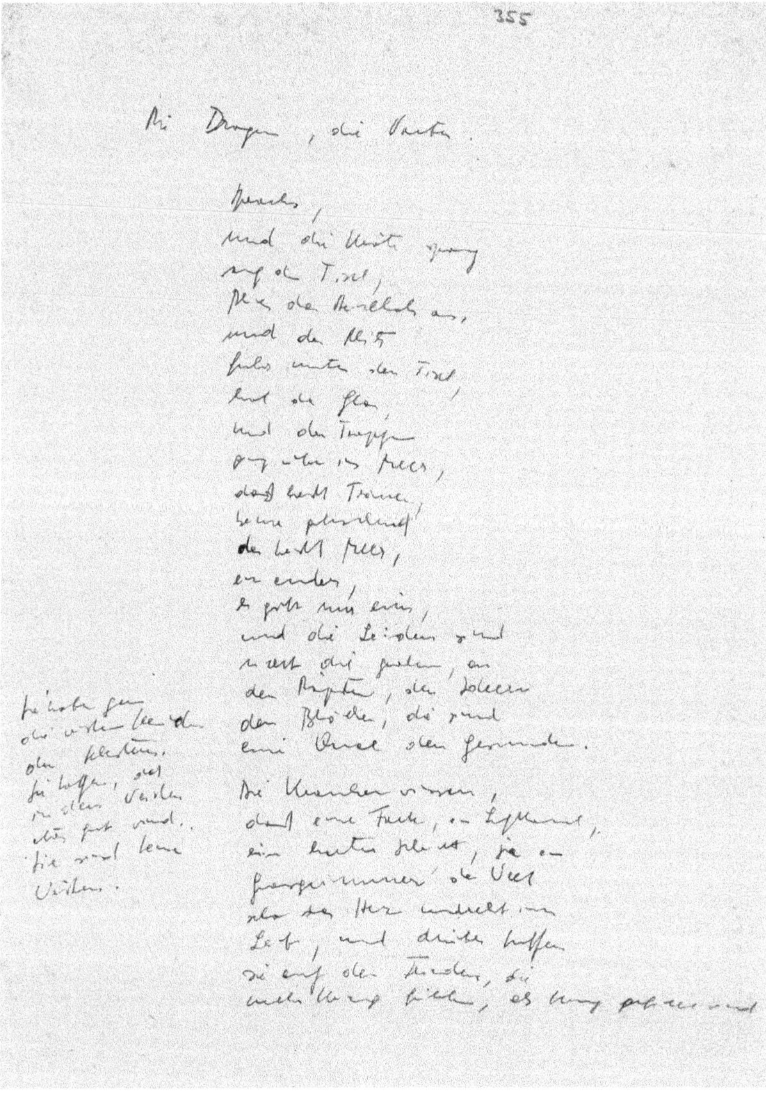

Die Drogen, die Worte.

Sprachs,
und die Kröte sprang
auf den Tisch,
Blies das Streichholz aus,
und der Blitz
fuhr unter den Tisch,
hob das Glas,
und der Tropfen
ging über ins Meer,
das heißt Tränen,
keine getrocknet,
das heißt Meer,
ein anderes,
es gibt nur eins,
und die Leiden sind
nicht die großen, an
den Päpsten, den Ideen
den Blöcken, die sind
eine Qual den Gesunden.

Die Kranken wissen,
daß eine Farbe, ein Lufthauch,
ein harter Schritt, ja ein
Grasgewimmer der Welt
schon das Herz umdreht im
Leib, und drüber hoffen
sie auf den Frieden, die
mehr Krieg fühlen, als Krieg geführt wird.
Sie haben gern
die weißen Kleider
der Schwestern.
Sie hoffen, daß
in dem Weißen
etwas gut wird.
Sie sind keine
Weißen.

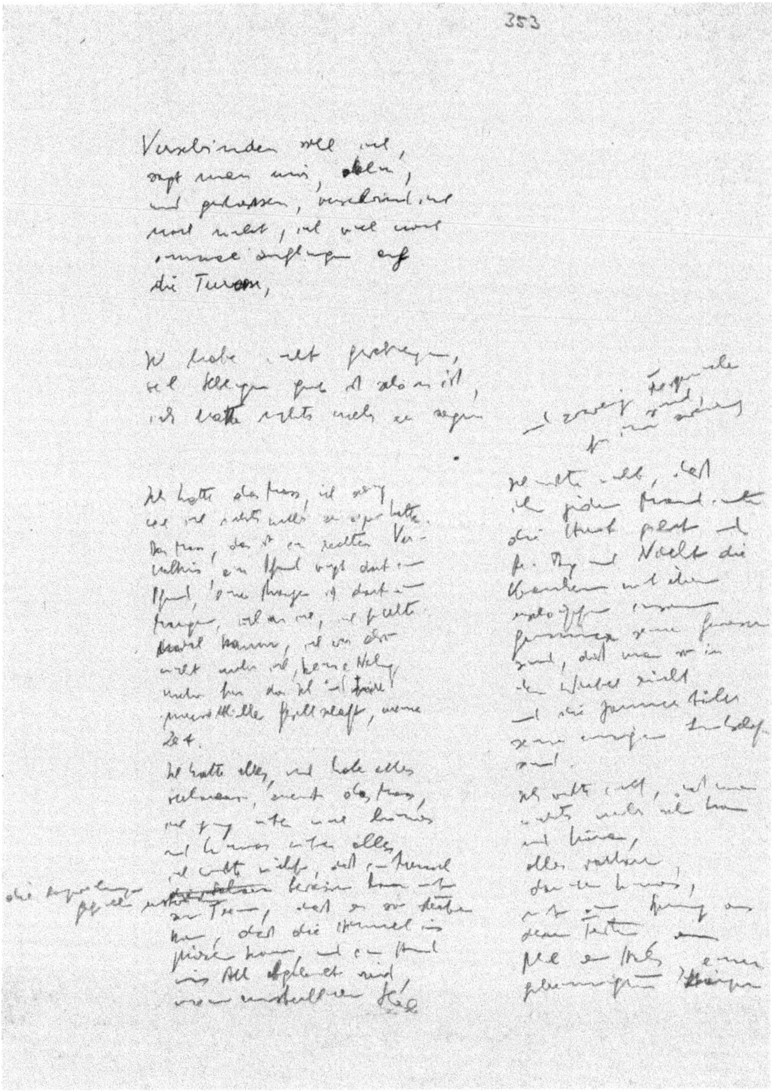
353

Verschwinden soll ich,
sagt man mir, schön,
und gelassen, verschwinde ich
noch nicht, ich will noch
immer aufspringen auf
die Trams,

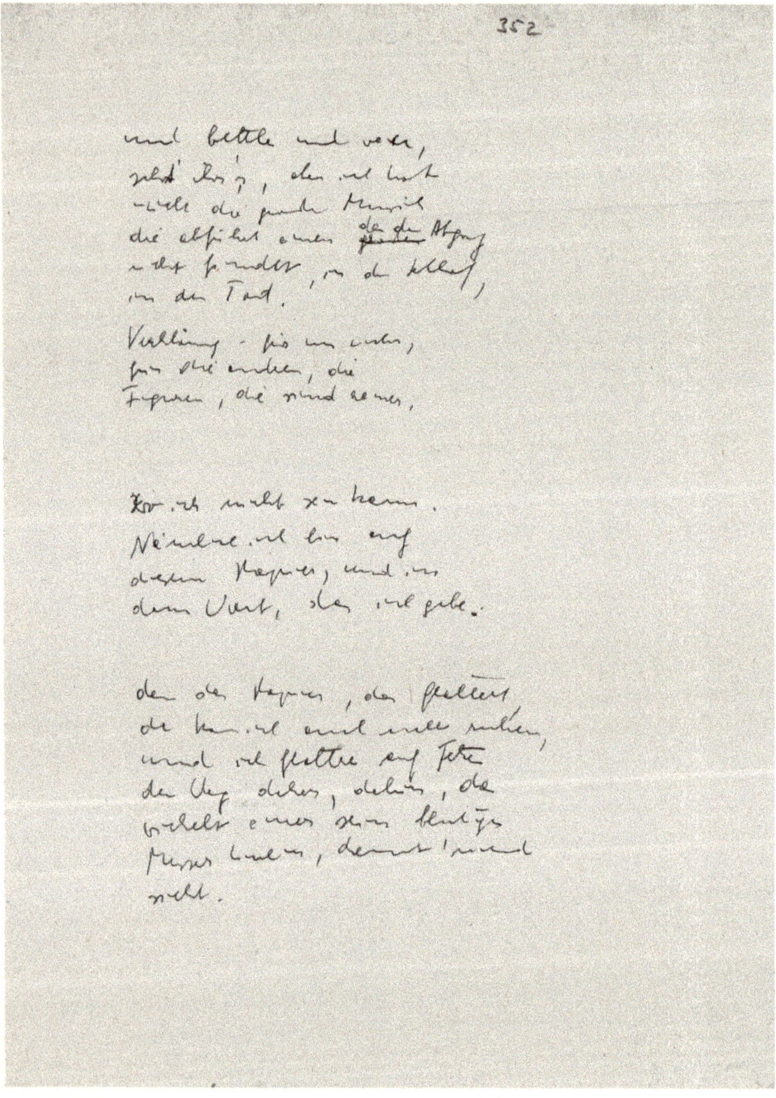

Verschwinden soll ich,
sagt man mir, dahin,
und gestoßen, verschwind ich
noch nicht, ich will noch
einmal zufliegen auf
die Terrasse,

Ich habe nicht geschwiegen,
weil Schweigen gut ist schön ist,
ich hatte nichts mehr zu sagen

Ich hatte das Maß, ich schwieg
weil ich nichts mehr zu sagen hatte.
Das Maß, das ist ein rechtes Ver-
hältnis, ein Pfund wiegt dort ein
Pfund, eine Menge ist dort eine
Menge, ich war ich, ich fürchte
mich kaum, ich war also
nicht mehr ich, keine Nahrung
mehr für das Ich und Eure
unersättliche Gesellschaft, meine
Zeit.

Ich hatte alles, und habe alles
verloren, zuerst das Maß,
ich ging über mich hinaus
und hinaus über alles,
ich wußte nicht, daß ein Mensch
diesen Schmerz beweisen kann mit
seinem Traum, daß er so sterben
kann, daß die Himmel ins
Stürzen kommen, und ein Himmel
ins All abgelenkt wird,
mein unsterbliches Herz.

Ich wußte nicht, daß
ihm jeder Mord unter
die Haut geht und
bei Tag und Nacht die
Kranken mit ihrem
erschöpften einsamen
Gewimmer seine Genossen
sind, daß man so in
den Wirbel rückt
und die Jammertäler
seine einzige Landschaft
sind.
Ich wußte nicht, daß man
nichts mehr sehen kann
und hören,
alles verloren,
darüber hinaus,
mit einem Sprung aus
dem Fenster, einem
Mal am Hals, einem
gekreuzigten Körper
und zuwenig Freisprüche sind,
für ihn zuwenig

und bettle und wein,
seht ihr's, aber ich hab
nicht die große Musik
die abführt einen der den Abgang
nicht findet, in den Schlaf,
in den Tod.
Verklärung – für uns nicht,
für die anderen, die
Figuren, die sind reiner,

Wo ich nicht sein kann.
Nämlich ich bin auf
diesem Papier, und in
dem Wort, das ich gebe.

denn das Papier, das flattert,
da kann ich auch nicht ruhen,
und ich flattere auf Fetzen
den Weg daher, dahin, da
wickelt einer sein blutiges
Messer hinein, damit's niemand
sieht.

2620 Hostie, in der Brot geworden
das Gleiche, und eine
Kunst, die nicht die
andren aufzeigt, den Geheimen
und das Geheimnis der Liebe

die Menschen sind unendlich
zu dumpf, wie ich, um das
spielen.

Bis aufs Heft

Unterschlupf

Mit einem kalten Gesicht.

Und ich habe den Tod
gefühlt, für alle Ge-
schwister ich, habe ich
erzählt, diesen unheimlichen
Tod, den ich selbst nie
sehen kann, den ich
nach Liebe gebe, aber
nie vorstellen kann, hat
ihm erzählt.

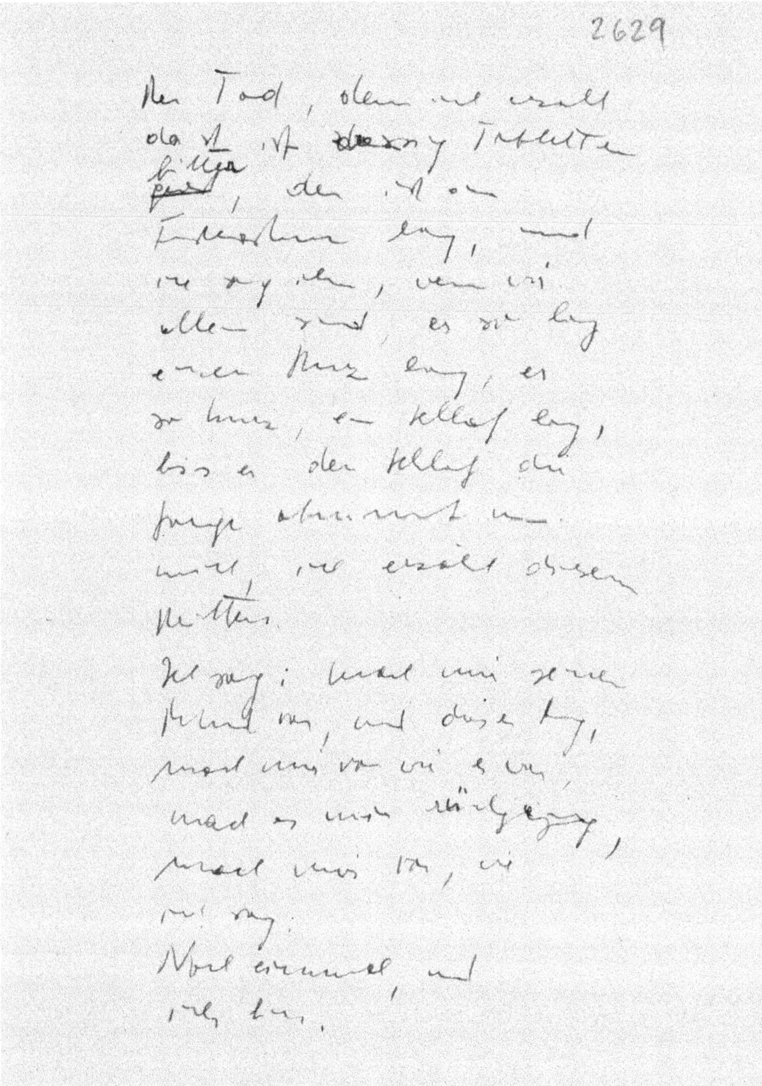
2629

Mit einem Dritten sprechen

und ich habe den Tod
gewählt, für alle Ge-
ständnisse ihn, hab ihm
erzählt, diesem wahnwitzigen
Tod, den ich nicht vor-
stellen kann, den ich
rasch herbeiführen, aber
nie vorstellen kann, hab
ihm erzählt.

Der Tod, dem ich erzählt
der ist ist dreißig Tabletten
bitter, der ist einen
Fenstersturz lang, und
ich sag ihm, wenn wir
allein sind, er so lang
einen Sturz lang, er
so kurz, einen Schlaf lang,
bis er dem Schlaf die
Sorge abnimmt um
mich, ich erzähl diesem
Dritten.
Ich sag: mach mir seinen
Mund vor, und dieses Aug,
mach mir vor wie es war,
mach es mir rückgängig,
mach mir vor, wie
ich sag:
Noch einmal, und
ich bin.

2630 a

ausgesandt
dem Entsetzen sich ergeben
nicht ihm widerstehen
sondern das Fleisch,
im Mund den
keinen Geschmack,
eine Erektion, ein
aufgerichtetes Glied
und muß in der Welt
sein, das in diesem
Mund eingeht und
nicht ist, die Regression
ist unendlich, jeder
unter sich, über sich
wissen, jeder, der
dunkel ist, um nichts
stellen, das Fleisch ist
hell genug.

die Hostie von einem
großen Glied,

Auf deiner Brust habe ich verkehrt
ich die Messe gelesen, nichts, und
in deinen Augen habe diese Religion
sich immer verwandelt, und ich habe seine
Taube ich für empfangen von andern
Einweihungsflügen, und morgen bei

ausgeraubt
dem Entsetzen sich ergeben
nicht ihm widerstehen
sternhell das Fleisch,
im Mund den
lauen Geschmack,
eine Erektion, ein
aufgerecktes Glied
muß noch in der Welt
sein, das in diesem
Mund zugut sich
nicht ist, die Begier
ist unendlich, jeden
unter sich, über sich
wissen, jeden, der
dunkel ist, nur nichts
Helles, das Fleisch ist
hell genug.

Auf Deiner Brust habe
ich die Messe gelesen,
in deinen Augen habe
ich mich verwandelt, eine
Taube, ich bin einfach
hineingeflogen,
die Hostie war ein
steifes Glied,
ich verstand
nichts, nur
diese Religion,
Ich habe Genie
wo andere
einen Körper haben

Hostie, in den Mund geschoben
das Glied, und eine
Kunst, die nicht die
andren aufreißt, das Gestirn
und das Gestirn der anderen
die Menschen sind unendlich
sie dürfen, wie ich, nicht
sterben.

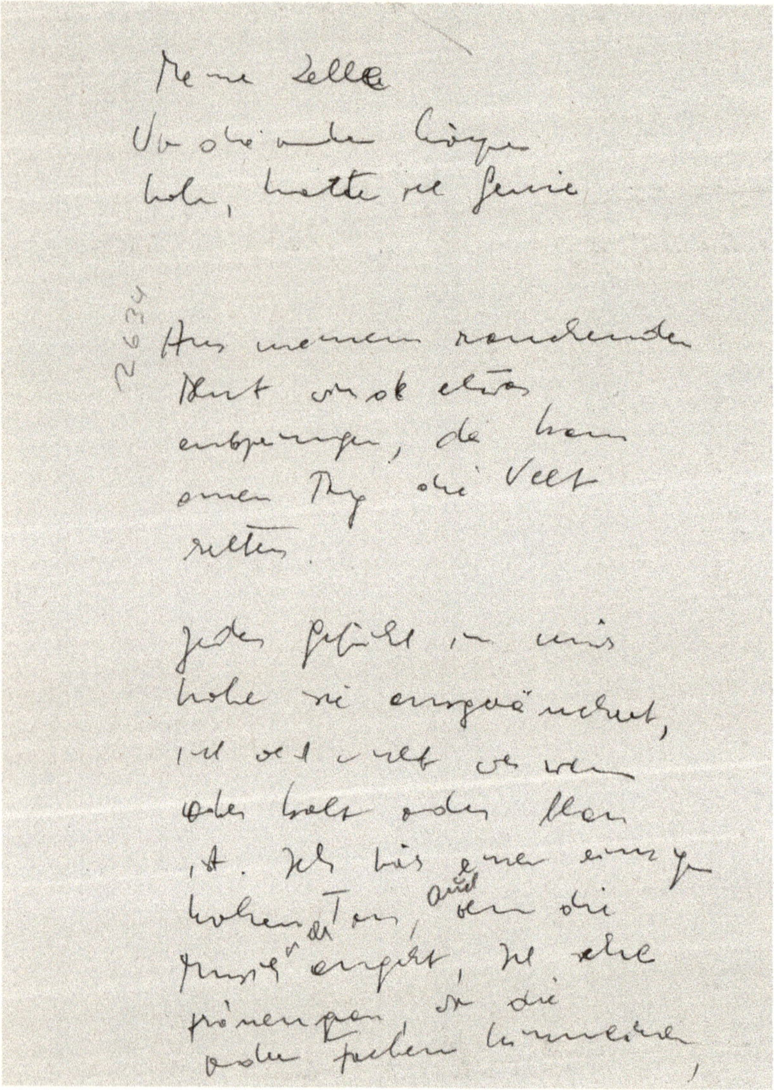

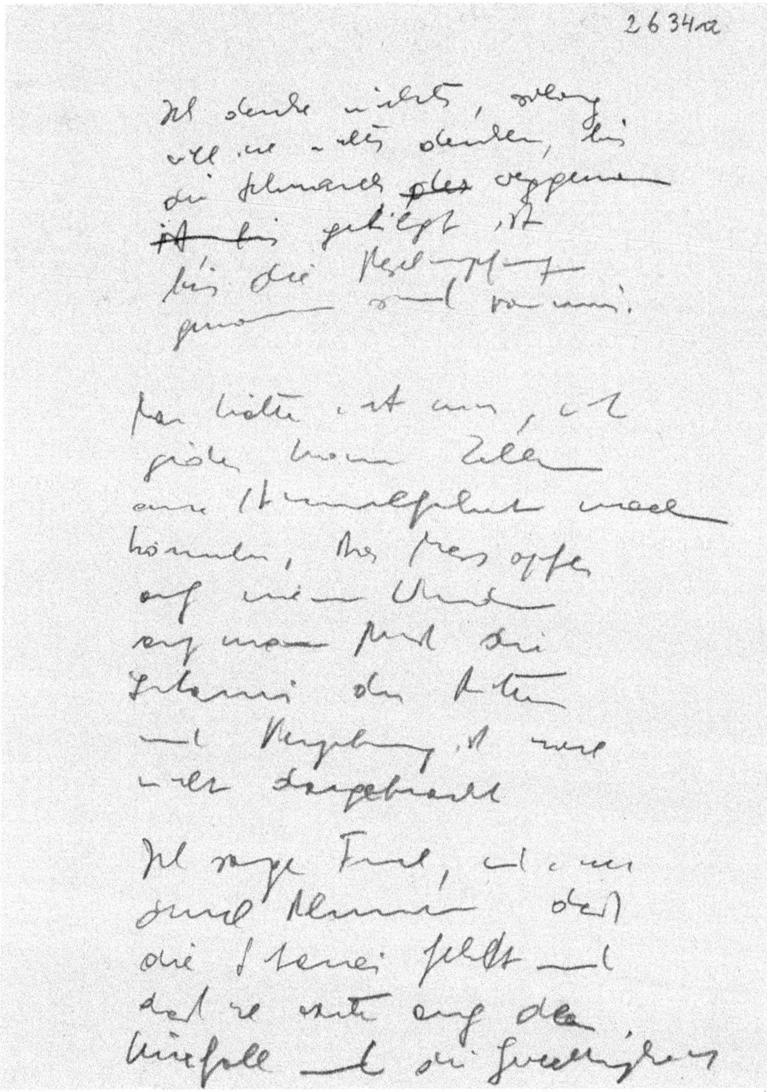
2634a

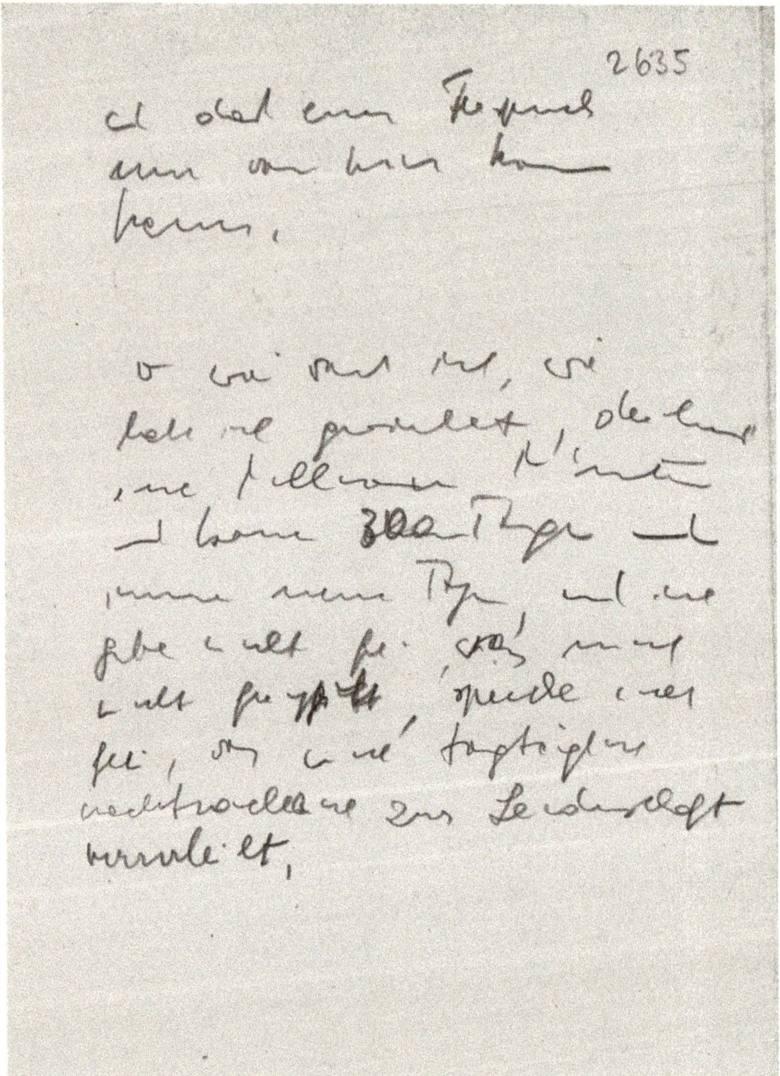

2635

Meine Zelle

Wo die anderen Körper
haben, hatte ich Genie

Aus meinem rauchenden
Blut wird etwas
entspringen, da kann
einen Tag die Welt
retten.

Jedes Gefühl in mir
haben sie ausgeräuchert,
ich weiß nicht was warm
oder kalt oder blau
ist. Ich hör einen einzigen
hohen Ton, auch wenn die
Musik nicht angeht, Ich sehe
tränengrau, wo die
anderen Farben [– –]

Ich denke nichts, solang
will ich nichts denken, bis
die Schmach weggenommen
getilgt ist
bis die Beschimpfungen
genommen sind von mir.

Man hätte mit mir, mit
jeder meiner Zellen
eine Himmelfahrt machen
können. Das Meßopfer
auf meinen Wunden
auf meiner Brust die
Litanei der Bitten
und Vergebung ist noch
nicht dargebracht.

Ich sage Euch, und nicht
durch Blumen daß
die Litanei fehlt und
daß ich warte auf den
Kniefall und die Gerechtigkeit
und daß ein Freispruch
nur von mir kommen
kann.

o wie richt ich, wie
habe ich gerichtet, dreihundert
eine Million Minuten
und kommen 300 Tage und
immer neue Tage, und ich
gebe nicht frei, was mich
nicht freigibt, spreche nicht
frei, was mich tagtäglich
nachtnächtlich zur Leidenschaft
verurteilt,

Abschied

Wir werden die Fernsten sein, kein Gruß
mehr wird erwidert, kein Wort ist wert, noch
verwendet zu werden. Auch die Mikrobe unter
dem Glas, auch das Kaninchen, an dem
ein Versuch tödlich ausgeht, das
zuckend und vergiftet keine Herrgötter
mehr rufen kann, sind meine Genossen,
ich suche alle Mißbrauchten Geschöpfe
die Ausgedienten, und das weggeworfene Glas,
die verramschten Kleider, die ausgebrannten zum Himmel schreienden
Häuser, und richte mich ein mit dem Überflüssigen,
Dies alles ist meinesgleichen.
Man übt Nächstenliebe an uns, man flickt uns zusammen,
man flößt uns Vertrauen ein und stellt
uns auf einen anderen Platz.

Dieser Platz ist gut, da sind wir nur
noch dem Sterben erreichbar, ein dummes Kaninchen,
eine zerdrückte Laus, ein seliges Herz,
der nackten Angst nicht mehr erreichbar,
mit dem Armenkittel der Nächstenliebe bedeckt.

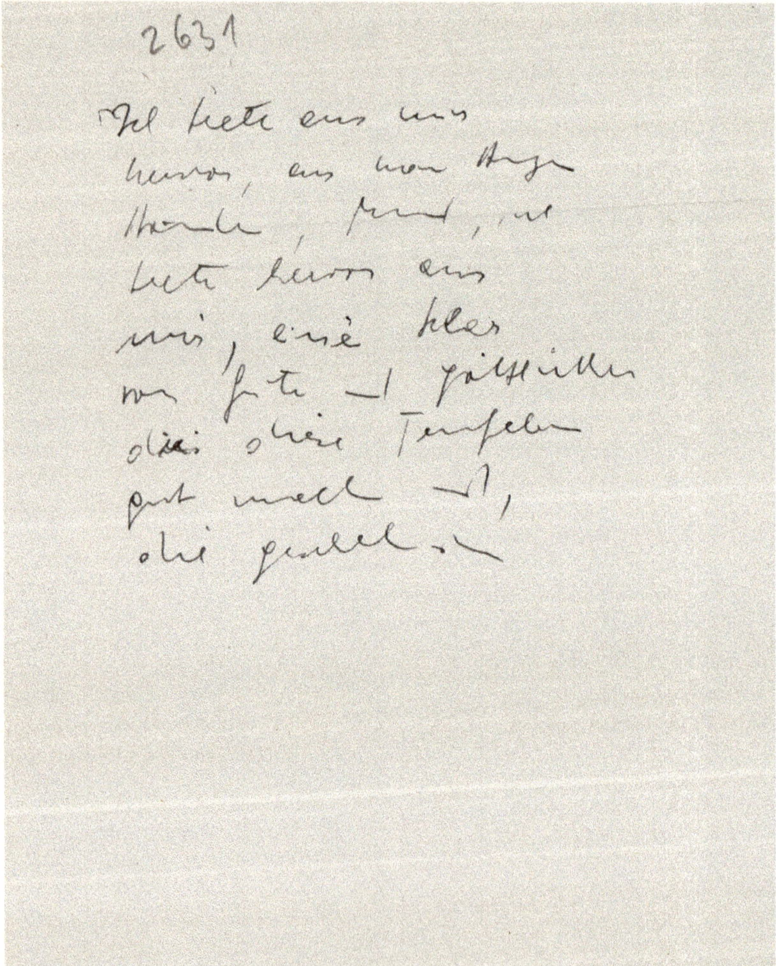
2631

Ich trete aus mir
hervor, aus meinen Augen
Händen, Mund, ich
trete hervor aus
mir, eine Schar
von Güte und Göttlichem
die diese Teufeleien
gut machen muß,
die geschehen sind

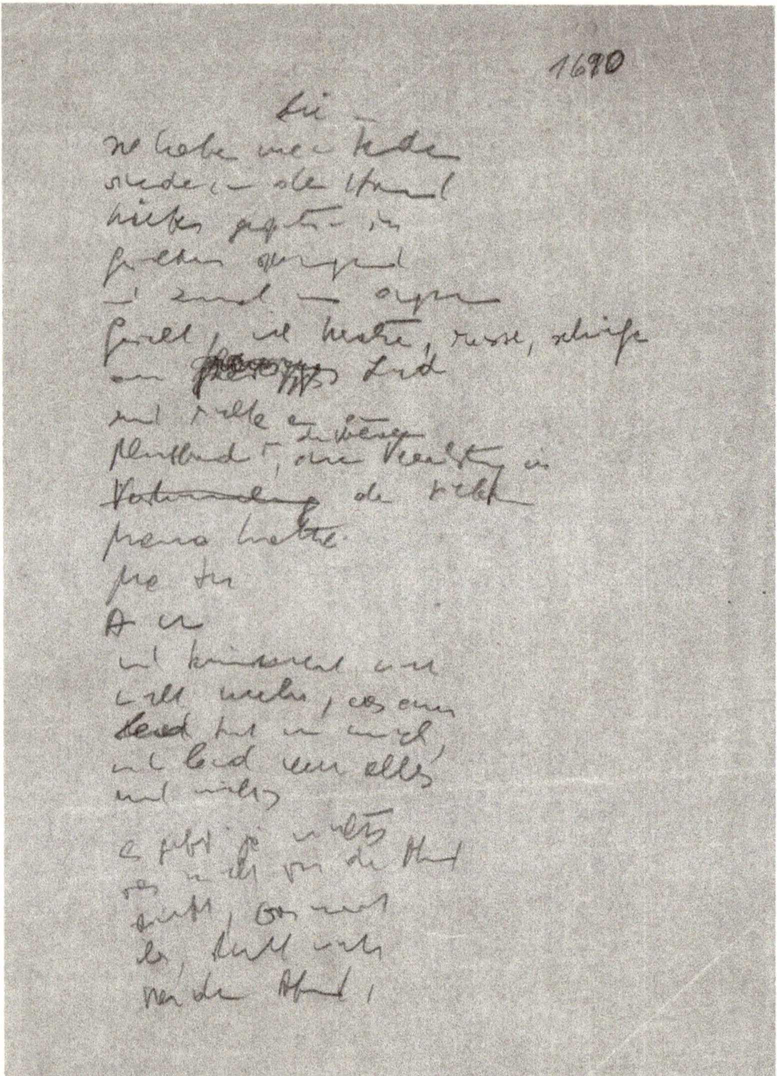

Ich habe die Feder
wieder in der Hand
härter gespitzt in
Gesichter springend
und zurück ins eigene
Gesicht, ich kratze, reiße, schärfe
ein grausames Lied
und richte an ein
Blutbad in den [– –], die Verachtung in
der siebten
Mano hatte.
Ma tu
A ci
und künstlich, auch
nicht mehr, was einem
leid tut um mich,
und leid um alles
und nichts,
es gibt ja nichts
was nicht vor dem Abend
stirbt, was wißt
ihr, sterbt nicht
vor dem Abend,

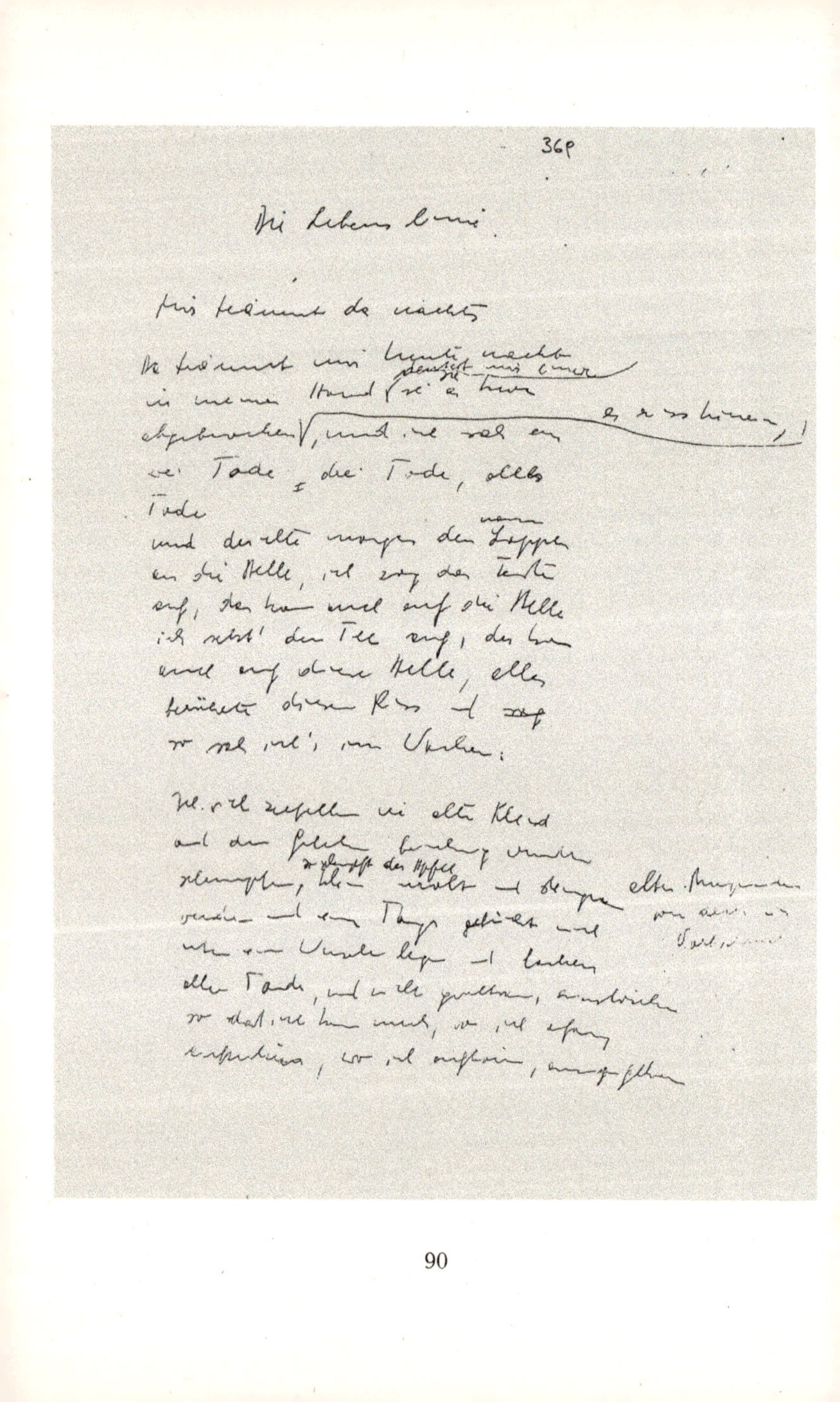

36P

Die Lebenslinie.

Mir träumte da nachts

Es träumte mir heute nacht

in meiner Hand sei die Linie

abgebrochen, und ich sah an

die Tode, die Tode, alles

Tode

und der alte morgen den Lappen

an die Stelle, ich zog den [illegible]

auf, der kam auch auf die Stelle

ich setzt' den Tee auf, der kam

auch auf diese Stelle, alles

[illegible] diesen Riss und [illegible]

so sah ich's, im Unheil:

Weil ich zerfallen wie altes Kleid

und den gelben [illegible] [illegible]

[illegible], [illegible] [illegible] und [illegible] alter [illegible]

[illegible] und [illegible] [illegible] gebildet und [illegible]

[illegible] [illegible] legen und [illegible]

alle Tode, und [illegible] [illegible], [illegible]

so dass ich kam nicht, wo ich [illegible]

[illegible], wo ich aufhören, [illegible]

Die Lebenslinie

Mir träumt da nachts

Da träumt mir heute nacht
in meiner Hand deutet mir einer sei sie kurz
abgebrochen, es riß hinein, und ich sah ein
zwei Tode drei Tode, alles
Tode
und drückte morgens den nassen Lappen
an die Stelle, ich zog das Fenster
auf, das kam auch auf die Stelle
ich setzt' den Tee auf, das kam
auch auf diese Stelle, alles
berührte diesen Riß und
so sah ich's im Wachen:

Ich will zerfallen wie altes Kleid
an den Gelenken brüchig werden
schrumpfen, so schrumpft der Apfel, klein uralt und steingrau
werden und eines Tags gebückt mich
unter eine Wurzel legen und lachen
aller Tode, und nicht gewaltsam, auslöschen
so daß ich kaum merk, wo ich anfang
aufzuhören, wo ich aufhöre, anzugehören

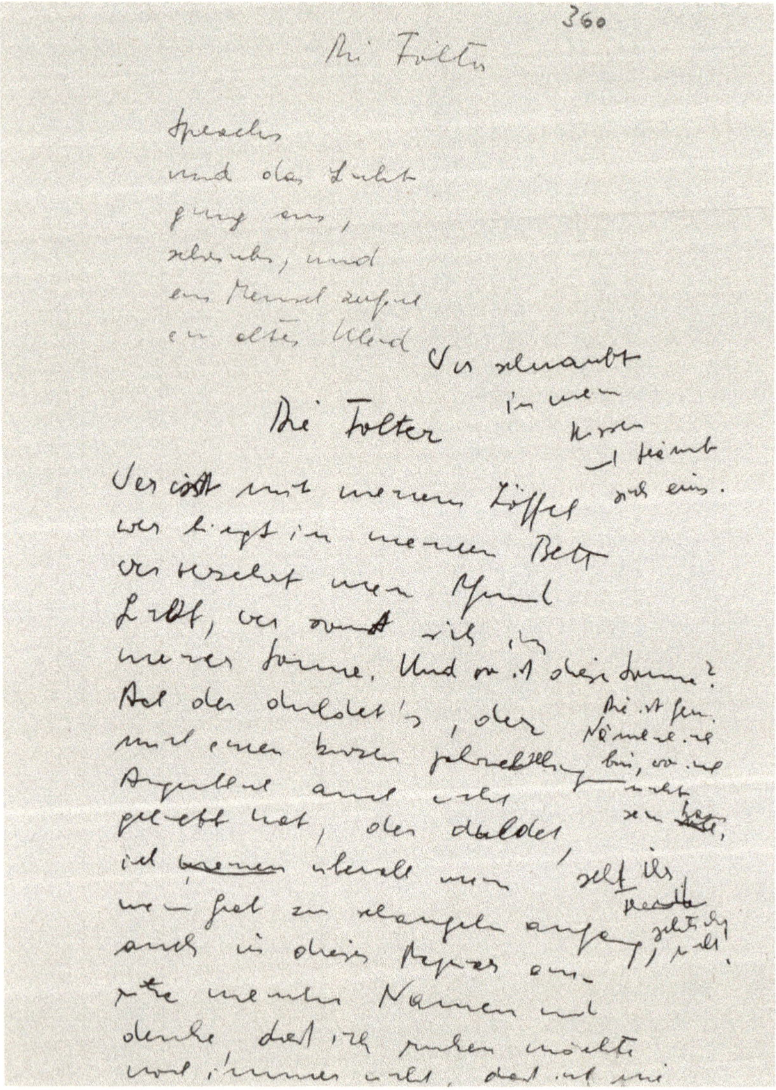

360

Die Folter

Sprechen
und das Licht
ging aus,
schraubte, und
ein Mund zufiel
ein altes Kleid

Wer schraubt
in mein
Herz
und schraubt
noch eins.

Die Folter

Wer isst mit meinem Löffel
wer liegt in meinem Bett
wer schläft mein Mund
Licht, wer wohnt sich in
meiner Sonne. Und wo ist diese Sonne?
Ach der duldet's, oder
mit einem bösen Gehorchschlag
Augenblick auch nicht
gelebt hat, oder duldet,
ich überall mein
mein Geist zu schlafen anfing,
auch in diesem Papier ein-
ritze meinen Namen und
denke, daß ich ruhen möchte
und immer nicht, daß ist mir

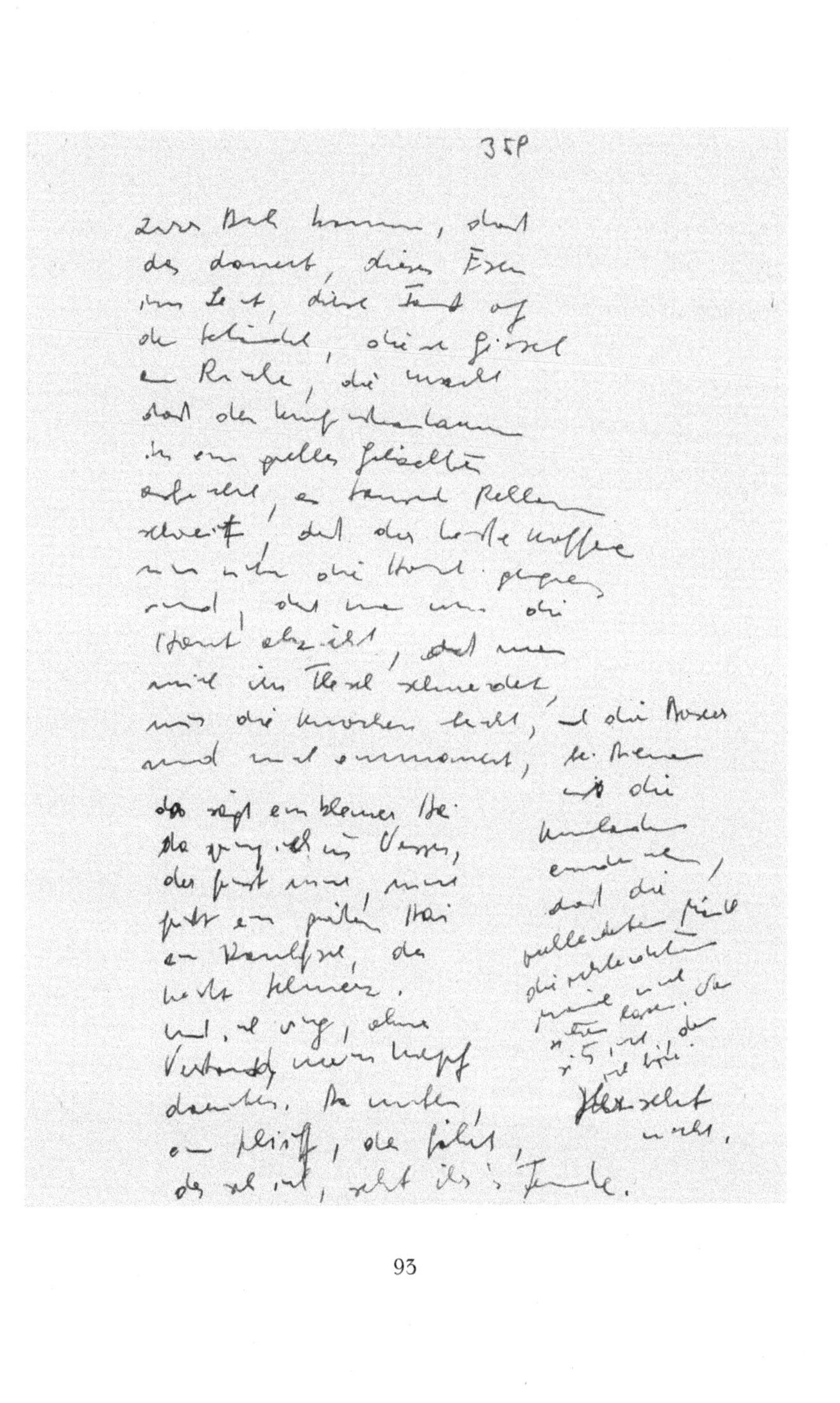

358

[illegible]

Die Folter

Sprachs
und das Licht
ging aus,
schriebs, und
ein Mensch zerfiel
ein altes Kleid

Die Folter

Wer ißt mit meinem Löffel
wer liegt in meinem Bett
wer verzehrt mein Pfund
Liebt, wer sonnt sich in
meiner Sonne. Und wo ist diese Sonne?
Die ist fern.
Nämlich ich
bin, wo ich
nicht sein kann.
Ach der duldet's, der
mich einen kurzen jahrelangen
Augenblick auch nicht
geliebt hat, der duldet,
seht ihr Freunde
seht ihrs nicht
ich überall mein
mein Grab zu schaufeln anfang,
auch in dieses Papier ein-
ritze meinen Namen und
denke, daß ich ruhen möchte
noch immer nicht, daß ich nie
zur Ruh komm, daß
das dauert, dieses Eisen
im Leib, diese Faust auf
dem Schädel, diese Geisel
am Rücken, die macht
daß der Kurfürstendamm
in ein grelles Gelächter
ausbricht, aus tausend Reklamen
schreit, daß der heiße Kaffee
mir über die Hand gegossen
wird, daß man mir die
Haut abzieht, daß man
mich ins Fleisch schneidet,
mir die Knochen bricht,
und mich einmauert,

da sägt ein kleiner Hai
da spring ich ins Wasser,
der frißt mich, mich
frißt ein größerer Hai
ein Raubfisch, der
heißt Schmerz.
Und ich wieg, ohne
Verstand, meinen Kopf
darüber. Da unten,
ein Schiff, das fährt,
das seh ich, seht ihr's Freunde.

Mild und leise

Eine andere Nacht, die vor der letzten.
Mit einem anderen Atem, der kommt schneller
als Atem sonst geht

seht ihrs Freunde, seht ihrs nicht?
Wie das Auge, wie der Atem, fühlt
und seht ihrs, nicht mehr schauen,
schon erdrosseln schon geschirrn
sie mich, und im Geschirr läuten
nicht die Narrenglocken, ist auch
nicht die Zeit dafür, war einmal,
und der Mund, eingerissen an den Winkeln,
mit den Apparaten allen, messen, leuchten
schreiben Schriften über mich, das
liest sich, schleift auf dem Boden
Inhalt keiner.

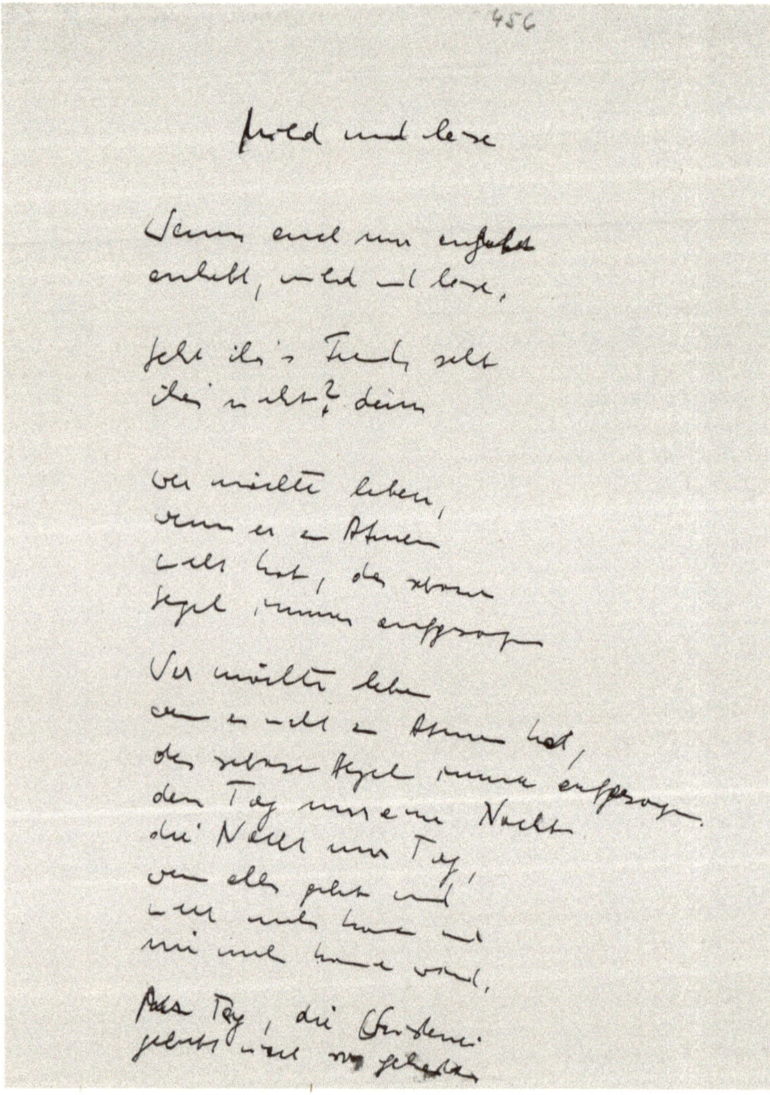

Mild und leise

Wenns auch nur anhebt
anhebt, mild und leise,

Seht ihr's Freunde, seht
ihr's nicht? denn

wer möchte leben,
wenn er zu Atmen
nicht hat, das schwarze
Segel immer aufgezogen

Wer möchte leben
wenn er nicht zu Atmen hat,
das schwarze Segel immer aufgezogen.
den Tag nur eine Nacht
die Nacht nur Tag,
wenn alles geht und
nicht mehr kommt und
nie mehr kommen wird.

Am Tag, die Wüstenei
geliebt noch so gehaßten

Mild und leise

Tot ist alles. Alles tot.
Und in meinem silbernen Brotkorb
schimmelt der vergiftete Apfelputzenschnitz,
der nicht mehr hinunterging.

Auf meinen Tellern, wer ißt davon,
muß noch ein Rest von dem Strick
l[i]egen, der mir gedreht worden ist.
In meinem Bett, wer liegt darin,
muß nachts noch der Zettel rascheln,
den ich eingenährt habe.

Wie wenig Gegenwart! Nur
in den fernen Ge[gen]ständen gehe ich noch um,
in der Lampe, im Licht,
da mach ichs hell und bedeute:

all das Blut, das viele Blut, das
geflossen ist. Meine Mörder.

Trostarie

Tot ist alles, alles tot.
Gerichtet ist jeder Ort, jeder Gegenstand, jedes halbflügge Gefühl,
das mich vermißt und mir nicht mehr
Rechnung trägt. Ich habe mich eingeschrieben in dich für Lebzeiten
das ist nicht auszutragen,

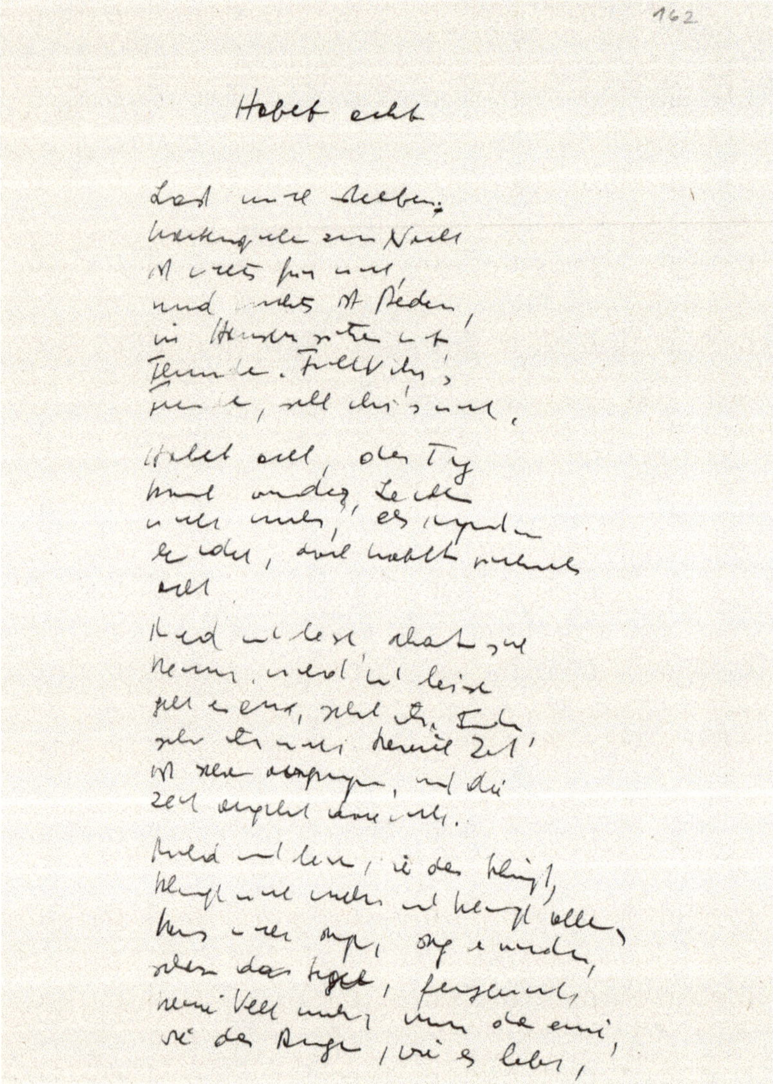
162

Habet acht

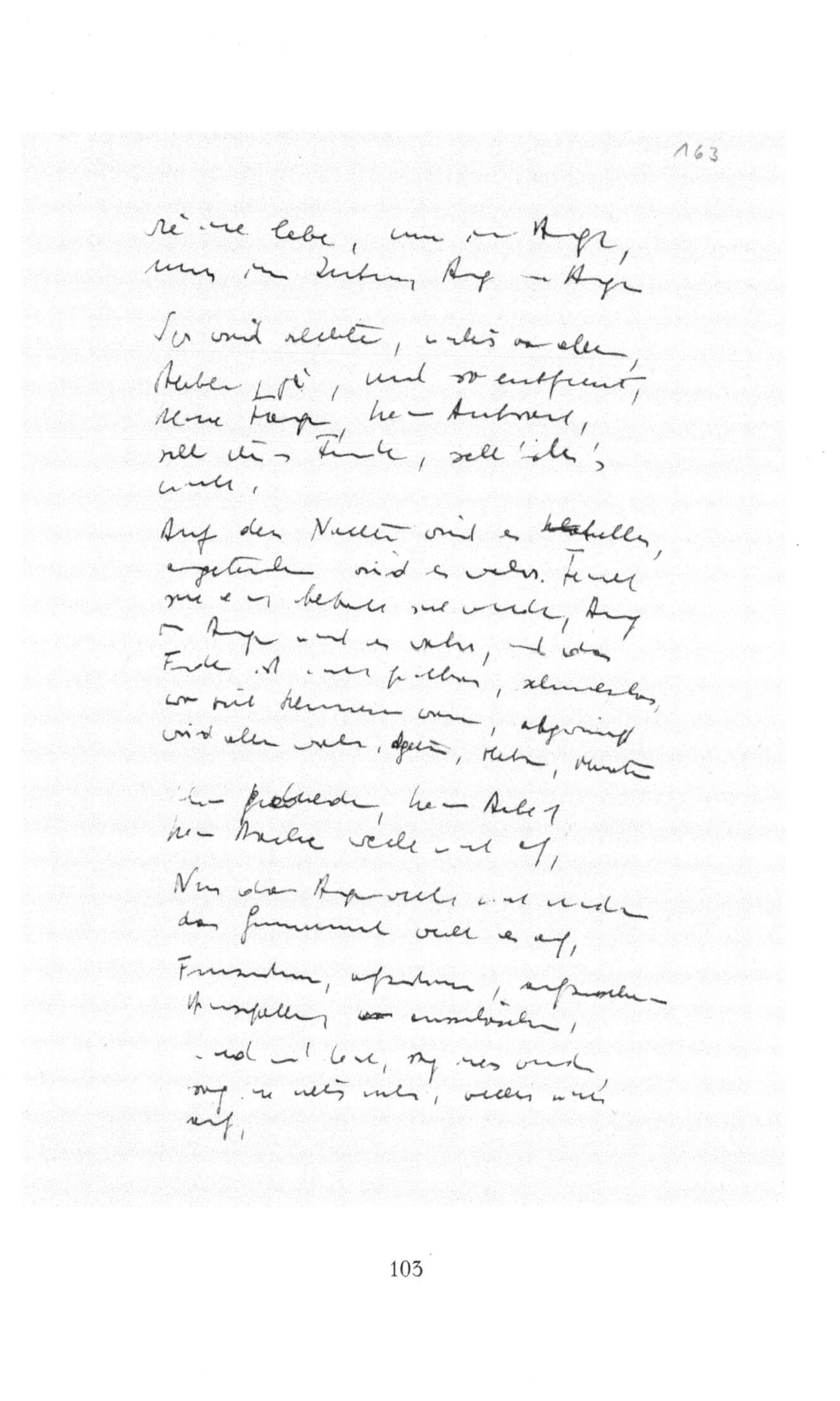

163

Habet acht

Laßt mich sterben.
Kartenspielen zur Nacht
ist nichts für mich,
und nichts ist Reden,
in Häusern sitzen mit
Freunden. Fühlt ihr's
Freunde, seht ihr's nicht.

Habet acht, der Tag
kommt wieder, Leiden
nicht mehr, als irgendeiner
leidet, doch habet vielmals
acht.

Mild und leise, [– –] sich
keiner, mild und leise
geht es an, seht ihr Freunde,
seht ihr nicht. Soviel Zeit
ist schon vergangen, und die
Zeit vergeht doch nicht.

Mild und leise, wie das klingt,
klingt noch mehr und klingt allen,
kanns nicht sagen, sag es wieder,
schwarz das Segel, festgezurrt,
keine Welt mehr, nur das eine,
wie das Auge, wie es lebt,
wie ich lebe, nur in Angst,
nur im Zutun, Aug um Auge

Wer wird rechten, nichts von allem,
Sterben, ja, und so entfernt,
keine Frage, keine Antwort,
seht ihr's Freunde, seht ihr's
nicht.

Auf den Nächten wird es heller,
angetrunken wird es wahr. Trinkt
sich ein, betrinkt sich wieder, Aug
um Auge wird es wahr, und das
Ende ist nicht fühlbar, schmerzlos,
wo viel Schmerzen waren, abgewürgt
wird alles wahr, abgetan, Habe, Moneten

Kein Gerede, keine Arbeit,
keine Rache weckt mich auf,
Nur das Auge weckt mich wieder
das Gemurmel weckt es auf,
Fenstersturz, abzustürzen, aufzuschreien
Hinzufallen, auszulöschen,
mild und leise, sag ichs wieder,
sag ich nichts mehr, weckt mich
auf,

Tot ist alles. Alles tot.
Und das Aug ist ausgelaufen, Augen, seid ihr ausgelaufen,
alle Bilder schwimmen fort,
und das Ohren, hört ihr nur mehr Schreie,
Vögel fallen von dem Dach,
stürzen alle Häuser ein,
fallen Flugzeuge vom Himmel,
überschlägt sich Herz um Herz,
stirbt jetzt einer um den andern,

so stirb weg und mach es leise,
mild und leise, seht ihr nicht,
seht ihrs Freunde, seht ihr nichts.

Alle Feste enden anders, Todesfest
im Lebensfest, rasch zurück in tausend Bilder,
ausgebreitet auf dem Bett, und das Bett
von Öl und Salben, vom Erbrechen, Atemnöten,
Blutsturz, Herzschlag ist sein Kampfplatz,
und es schnellen die Ampullen in die Spritzen,
bohren sich die Nadeln in dein Fleisch, und
in die Venen tropft es, in den Muskeln breiten
sich Flüssigkeiten aus, zum Leben,

Und ich höre: weitersterben, weiterleben,
weitersterben, Ah, es zieht ein Tag herauf,
und die Sonne liegt am Felsen, und der Sonnenplatz
ist leer, dort lag ich, ich aß und rauchte,
und ich glaubte, nicht allein
zu sein, ich war es doch schon damals,

Ein neues Leben

ein neues Leben, wer, da ichs nicht habe,
wird noch eines haben? Die monotone
Wiederholung eines Kriminalromans
eines, den andre sich ansehn, aber einer
der darin ist, ganz darin,
kein neues Leben, soviel ist sicher.

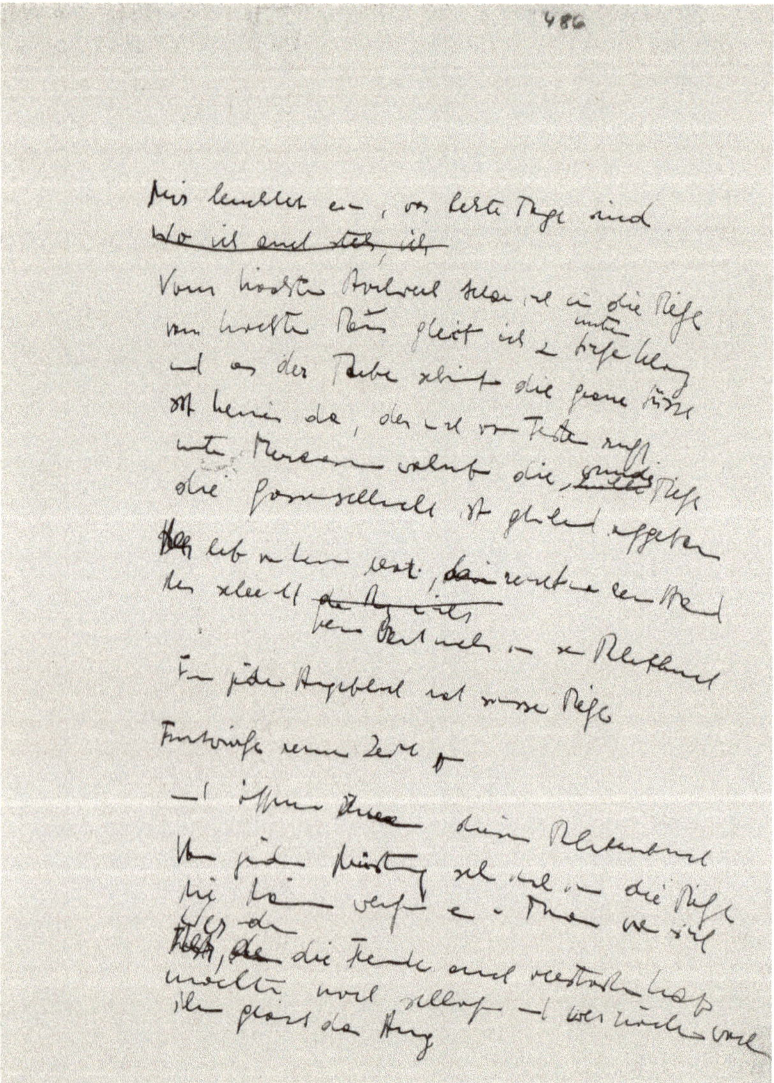

Mir leuchtet ein, was letzte Tage sind.
Vom höchsten Stockwerk schau ich in die Tiefe
vom höchsten Ton gleit ich zum unteren Klang
und [– –] der [– –] scheint die graue Süße
Ist keiner da, der mich vom Fenster ruft.
unter Terrassen wohnt die wunde Tiefe
die Gassenschlucht ist glühend aufgetan

Ich leb von keinem Wort, da reicht man keine Hand
Der schreibt kein Wort mehr in sein Blutbuch

Ein jeder Augenblick hat süße Tiefe

Entwürfe reiner Zeit

und öffnen ihnen dieses Blutenbuch
Von jeder Brüstung seh ich in die Tiefe
Die Männer werfen eine Frau von sich
Wer dem die Freunde auch verstoßen hat
möchte noch schlafen und wer möchte wachen
ihm glänzt das Aug

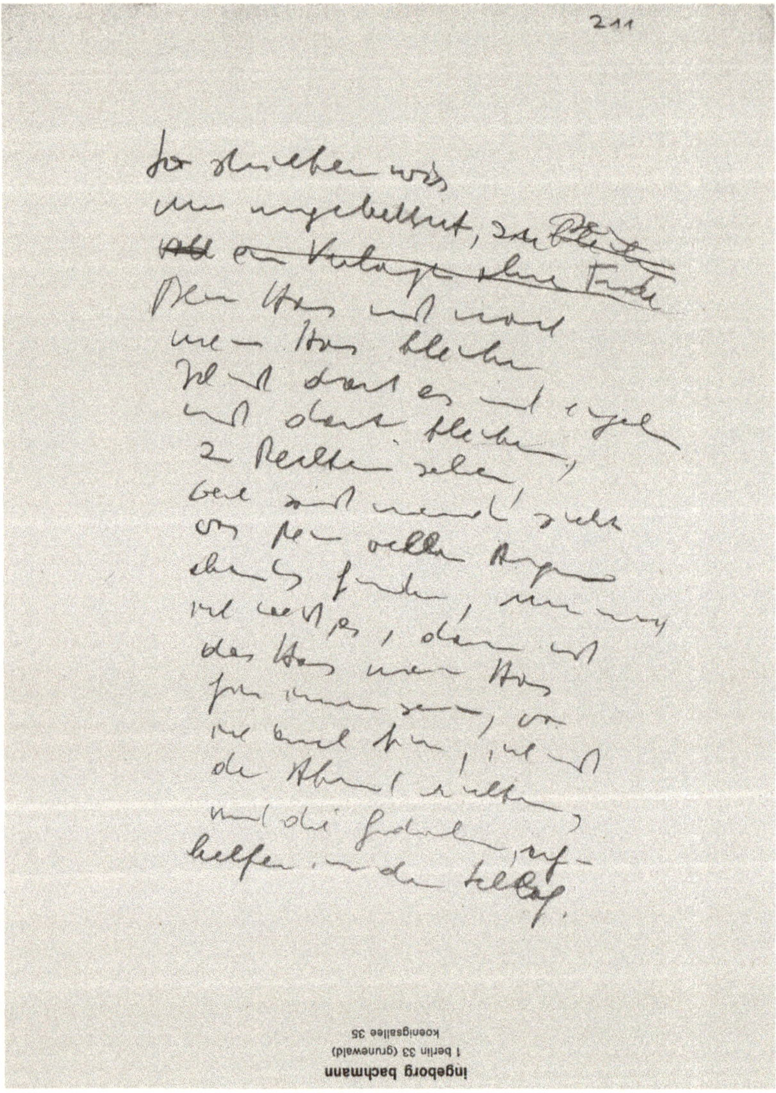
211
ingeborg bachmann
1 berlin 33 (grunewald)
koenigsallee 35

So stürben wir
um ungetrennt, zu sein
Dein Haus muß noch
mein Haus bleiben.
Ich muß dort aus und eingehn
muß dort bleiben,
zum Rechten sehen,
weil sonst niemand sieht
was Deine welken Augen
abends finden, nur mich
ich weiß es, darum muß
das Haus mein Haus
für immer sein, wo
ich auch bin, ich muß
den Abend richten,
und die Gedanken, auf-
helfen in den Schlaf.

Enigma

So stürben wir, um ungetrennt,
dessen uns zu erinnern nicht mehr,
was niemand trennen kann. Die Kunst,
ein schmutziges Geschäft
mit den Worten, es wird honoriert werden,
einmal lag ich am Waldrand
und hielt ein paar bekritzelte Seiten
für rein und absolut, sie waren es auch.
Ich bin wieder so weit, seit ich
sehe, was sie treiben mit Worten.
für den lieben Gott, das heißt für die Wiese
und Ameisen und Mückenschwärme, für absolut
zulässig.
Die kleinen Bisse haben mich nicht gestört.

Wie schwierig ist verzeihen,
eine so langsame und mühselige Arbeit,
mit der allein ich beschäftigt bin,
seit so vielen Jahren.

Der Haß hat mich krank gemacht,
ich bin entstellt, diese Eiterbeulen
verbieten es mir, mich noch unter
Menschen zu zeigen.

Ich weiß nur, daß ich
nicht mehr so hassen darf
nicht deinen Tod wünschen,
den ich auch gar nicht wünsche,
oder von meiner Hand,

Ich habe gelernt, daß meine
seine Feinde lieben muß, und
dies ist so leicht, denn wie
sollen den[n] meine Feinde
mir mehr als Böses tun können.
Wenn eine Kugel sich verirrt,
wenn mir einer ins Gesicht spuckt,
wie gestern, habe ich keine Bedenken
gegen die Liebe, die mir verordnet ist.

Ich habe Angst, vor der Liebe,
die du mir eingeflößt hast
in der grausamsten Absicht.
Ganz zersetzt von schneidenden Säuren,
von dem vielen Arsen, dem Opium,
ganz betäubt von meiner Zerstörung.
Da ich in dir nicht mehr lebe,

und ich schon tot bin, wo bin ich.
Die Stäbe zählen, ausharren,
fressen zweimal am Tag, dann
die Notdurft verrichten,
betteln um Mittel,
die mich in jahrlangen Schlaf versenken.

Seht ihr, Freunde, seht ihrs nicht!
daß ichs nicht überlebt
auch nicht überstanden habe, seht ihrs nicht,
daß ich einwärts gehe, daß
fürderhin einwärts rede, daß
ich mich einziehe, mein Haar
herablasse meine Hände einstreiche
mein Wort einziehe, seht ihrs nicht,
seht ihr,

daß ich mir abgehe, daß ich abwärts
gehe, daß ich mich abgebe,

und schreie, weil die Irren nach
ihren Wärtern tasten suchen, wie
ich nach meinem Wärter

Alla piu umile, alle piu umana, alla piu sofferente

vivere ardendo e non sentire il male
Gaspara Stampa

Meine Schwester soll mir weiterhelfen.
meine Schwester ist nicht weit von hier.
Nur viel Zeiten ferner und so nah bei mir.
Nur viel länger tot ist als ich.

Zu ihr sprech ich seit fast tausend Tagen,
und sie sagt mir, daß ein Ende wird
laß mich schlafen, nie erwachen.

Und sie lebt für mich, sie weiß zu leben,
leidets für mich, wird verhöhnt, geschmäht,
verstoßen und verdammt, sie leidet es.

Ich vertrete nur den Schlaf, den langen.

Die Gnade Morphium, aber nicht die Gnade eines Briefs
die Gnade schmerzt [– –], aber nicht die Hand,
die Gnade Delirium, aber nicht die Rückkehr
um das Böse gutzumachen, bedarf es bloß eines Worts,
um das Böse nicht mehr zu fühlen, bedarf es des Tods.

Meine Schwester hat mich auch verlassen.

Wenn ich aber fühle und hasse, wenn der Haß mich
irrsinnig macht, weil ich so sehr hasse, wenn ich
auf ewig hasse, wie soll ich leben.

Als sie von der Engelsbrücke gesprungen war,
und sie hatte ihm schon verziehen, blieb ihr
Schrei stehn. O Scarpia, davanti a Dio.

Nie habe die Burg sehen können, ohne
den Schrei zu hören und wahnsinnigen Folterungen,
nicht nur dieses einen Mario.
Gerechtigkeit, auch für unsere Mörder.

Oft habe ich gedacht, wenn der Haß
stärker war und wenn ich springen
wollte, von der obersten Terrasse,
dich dorthin zu rufen, wo Verzeihung
und Gericht sein könnte.

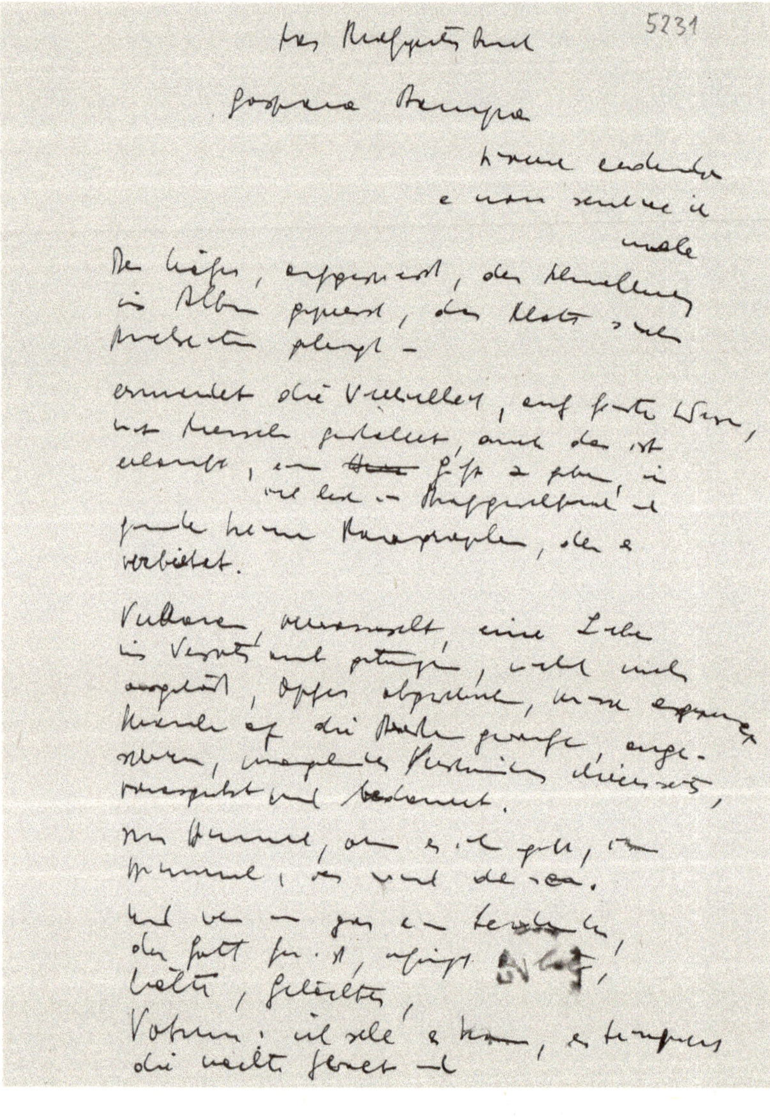

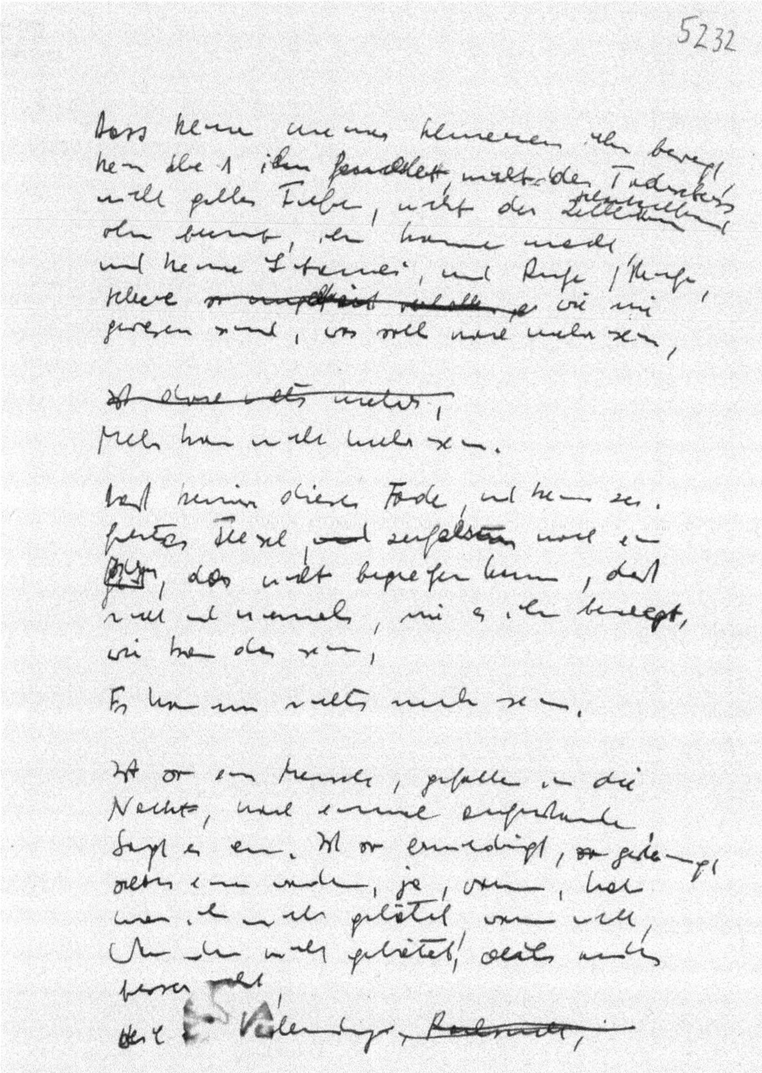

Das Strafgesetzbuch
Gaspara Stampa

Vivere ardendo e non sentire il male

Der Käfer, aufgespießt, der Schmetterling
ins Album gepreßt, das Blatt zwischen
Buchseiten gelegt –

ermordet die Wirklichkeit, auf feinste Weise,
nur Menschen gestattet, auch das ist
erlaubt, ein Gift zu geben, ich
ich lese im Strafgesetzbuch und
finde keinen Paragraphen, der es
verbietet.

Verloren, verramscht, eine Liebe
ins Versatzamt getragen, nicht mehr
ausgelöst, Opfer abgeschoben, Küsse ausgespuckt
Kranke auf die Straße geworfen, ange-
schrien, mangelndes Verständnis meinerseits,
vorausgesetzt und bedauert.
Im Himmel, wenn es ihn gibt, im
Himmel, was wird da sein.
Und wenn nun gar ein Leidender,
der Gott fern ist, anfängt zu beten,
Kälte, Gelächter,
Votum: ich sehe es kommen, es triumphiert
die nackte Gewalt und

Daß keine meiner Schmerzen ihn bewegt,
kein Schweiß ihn feuchtet, nicht der Todesschweiß
nicht gelbes Fieber, nicht der Scharlachbrand
ihn brennt, ihn brennen macht,
und keine Litanei, und Rufe, Briefe,
Schreie wie nie
gewesen sind, was soll noch mehr sein,

Mehr kann nicht mehr sein.

Daß keiner dieser Tode, und kein zer-
fetztes Fleisch, zufassen noch ein
Hirn, das nicht begreifen kann, daß
nicht und niemals, nie es ihn bewegt,
wie kann das sein,

Es kann nun nichts mehr sein.

Ist so ein Mensch, gefallen in die
Nacht, noch einmal aufgestanden,
Sagt es an. Ist so erniedrigt, so gesteinigt
schon einer worden, ja, warum, hat
man ihn nicht getötet, warum nicht,
Warum ihn nicht getötet, weils anders
besser geht,
weil die Verleumdung

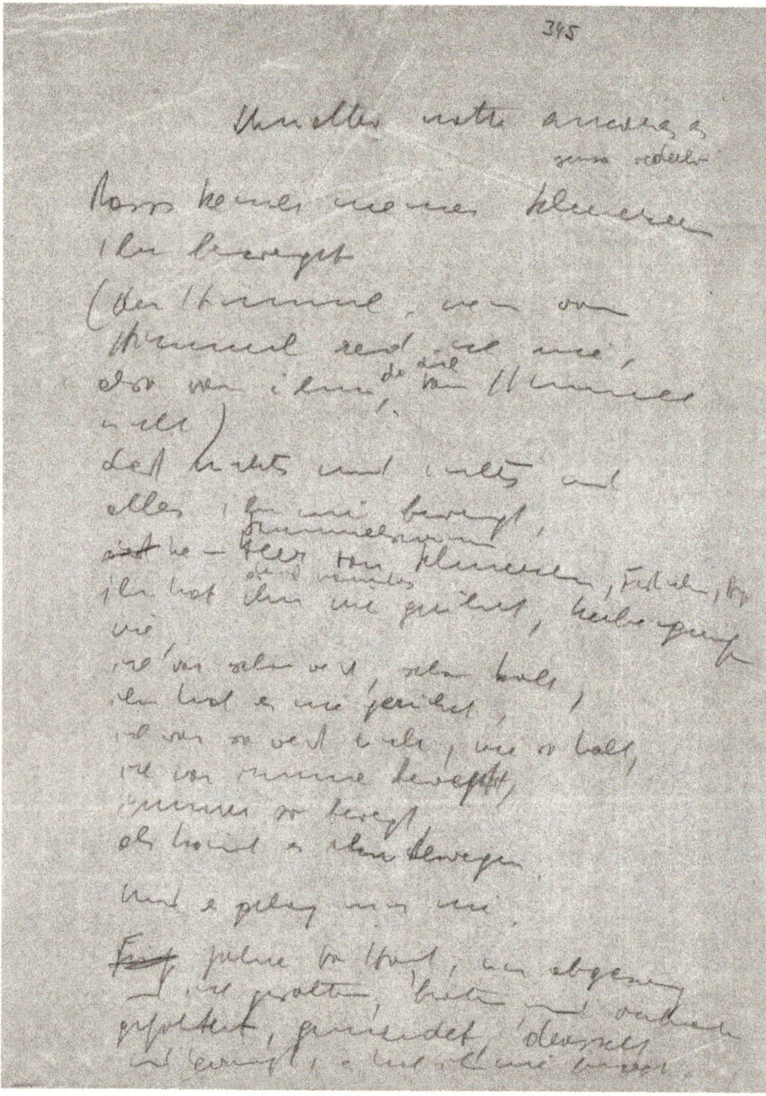

Un altra notte ancora senza vederlo

Daß keiner meiner Schmerzen
ihn beweget
(der Himmel, nein vom
Himmel red ich nie,
also von ihm, da doch vom Himmel
nicht)
daß nichts und nichts und
alles ihn nie bewegt,
kein Sammelsurium von Schmerzen, Ersticken, Angst
ich hab ihn nie gerührt, herbeigerufen
nie,
ich war schon weiß, schon kalt,
ihn hat es nie gerührt,
ich war so weiß nicht, nie so kalt,
ich war immer bewegt,
immer so bewegt,
als könnt es ihn bewegen.
Und es gelang mir nie.
Jahre von Haut, mir abgezogen
und ich gesotten, [ge]braten und verbrannt
gefoltert, gemordet, [er]drosselt
und erwürgt, es hat ihn nie bewegt,

Vivere ardendo e non sentire il male
Gaspara Stampa

Wie lange noch. Nicht mehr lange.
Warum so lange schon. Ich weiß es nicht.
Wird das nie enden. Nicht fragen.
Es wird nie enden. Wozu fragen.

Ich spreche immer mit dir,
aber nicht mehr freundlich,
ich habe zuviele Fragen.
Auch über deinen Verbleib.
Aber wo warst du in den gemeinsamen Jahren.
Mit wem hast du gesprochen,
wen gewürgt, wen beansprucht,
wen angeschrien.

Ich habe mich ganz zur Verfügung gestellt.
mich oft gefürchtet, aber meine Furcht mit
der Liebe ausgetrieben, ich habe mich
nicht einmal vor Deinen Händen gefürchtet
nur manchmal, und zu spät.

Auf der obersten Terrasse

Von der obersten Terrasse
habe ich springen wollen,
zu Fuß bin ich Hintertreppe
hinaufgegangen, für die
Dienstboten und habe an der Tür
gehorcht, auf das Lachen in
meinen Zimmern, das hat mich ent-
mutigt. Einen Leichnam, gleich
nach dem Frühstück, hättest du
schlecht ertragen,

Immerzu in den Worten sein, ob man will oder nicht,
Immer am Leben sein, voller Worte ums Leben,
als wären die Worte am Leben, als wäre das Leben am Wort.

So anders ists, glaubt mir.
Zwischen ein Wort und ein Ding
da dringst du nur selber ein,
wie bei einem Kranken liegst du bei beiden
da keins je ans andre sich drängt
du kostest einen Klang und einen Körper,
und kostest beide aus.

Es schmeckt nach Tod.

Doch Tod und Leben, ob es beides gibt,
wer weiß,
da soviel Totes Fernes, in mir ist
mich soviel Totes,
mich Tote auch
schon mitgenommen haben.

eine Freundin, die mich früher kannte,
ein Scherben, aus dem ich dir zutrank

VERDACHT

Die Zunge die regt sich,
die schiebt, sprudelt Worte hervor,
sprudelt Freundschaft, Feindschaft
sprudelt den Zwischenton, züngelt
während das Aug
das Auge sich schließt und öffnet
schaut und nichts meint,
ins Auge tropft dir die Welt
farben und tropft dir die Nacht
nachts tropft dir die Nacht
in dein Auge

Nun sag von der Nacht und dem Tag
und nun sag es von dir und von mir,
nun wag es zu sagen

Sing deinen Vorrat an Worten ab,
du singst deinen Vorrat an Worten ab,
das singst du nicht ab
dies Kleinerwerden und Großsein,

der große Herrscher Aug
der kleine sklave bettler,
das Schandmaul
Verstehen – Nichtverstehen

VERDACHT

Die Zunge, daß sie sich regt
ist verdächtig, noch immer
züngeln Worte, sprudeln Worte
durch Zahnlücken, sprudelt
Freundschaftliches, Feindliches
Abwehrendes, hebt sich ein
läutet ein Zwischenton,
eingespeichelt, hebt sich
ein Erstaunen lautlich, klanglich,
und staunt doch nichts mehr,

während das Auge größer und betroffener
immer größer aufgeht und die Welt
anprallt und die Nacht hineintropft
um die gefälteten Einlaßstellen,
kein blinder Fleck mehr, immer
größer ein Schauen, Anschauen,

Nun sag doch nichts mehr, schau
und schau an, schau das ab und hinter
und tropf Dir die Nacht in die entzündeten
geäderten Augen, wein das zurück,
wein, was Du siehst zurück, laß es
hinauslaufen, laß die Welt über
die Wangen, rinnen

Rede ab deinen Vorrat an Worten
wein ab, red ab, mit dem Schandmaul,
der kleine Bettler Zunge, der
große Herrscher Auge wird

verstehen – nicht verstehen.

Fromm und böse

Nicht mehr erinnern wollen, zerstören wollen,
was Erinnerung ist, so fremd, zerstören wollen.
Nun soll es sich zerstören, in mir mir in allem,
Stein und Baum und Blatt, es soll zerstört sein,
soll bis ins letzte Glied gestraft und zerstört
sein, gerächt bis in das letzte Glied, das
gar nicht ist, zerstört zumindest, gerächt auch,
gerächt, was doch niemand rächen kann,
ich kann es nicht, mög einer es doch können,
rächen, die Schmach Elend Wahnsinn, was nach
Rache schreit, und weiß, daß zuviel Sonnen,
zuviel Systeme nichts gradsein lassen, weil
die Milchstraßen und immer größre Stern und Sonnen
das wenig dingbar machen, was wir sind.

Es wird uns nichts ergänzen, nicht hier, nicht dort,
und Rache wird, wie Liebe, zu gering sein,
nebensächlich, eine Erhebung, hügelhaft,
in dem Gebirg von Fragen auf Gletscher
angesetzt, die kälter sind als wir uns Kälte denken.

Kälte – das ist noch ferner. Hier ist Menschenwerk,
Bemühen, Leiden, kindliche Bitten, von niemandem erhört,
und jede Nacht geübt, die Bitten, Kniefälle, die
flehentliche Bitte um Hoffnung, Weiterleben,
Der Tanz ums Kalb, ums goldne nicht, ums Kalb,
um Nahrung, daß da geschlachtet wird, für Nahrung,
Fressen, Hoffnung,

[– –]

An das Fernmeldeamt Berlin

Ich bin froh, daß es gestern schlimmer war
als es heute ist. Einfahrt verboten
steht zwar noch immer am Tor, und es kommt
niemand, es regnet auch sehr, ist
schon wieder Winter wie gestern, also wie vor einem Jahr.
Da war es schlimm, in der Nachbarschaft
niemand. Kommt ja niemand.

Gestern, da bin ich erstickt,
ich konnte nicht mehr schreien,
heute könnt ich wohl schreien,
aber es ist ja besser heute.
über mir kegeln sie, unter
schreinern und sägen sie,
diese harmlosen Bastler.

In der Mauerritze habe ich in der Schrecksekunde
einen schwarzen Käfer gesehen,
der stellt sich tot. Totgestellt.
Und ich lerne von ihm,
ich stelle mich tot,
ohne Kind, ohne Geliebten,
ohne Radio, ohne Telefon,
in dieser Ritze, verlaufen
auf diesem Planeten, in
diesem Berlin.
angestarrt von niemand zwar,
von einer Brandmauer.
in einer Schrecksekunde
vom Wahnsinn fühl ich mich
angestarrt. weiß ich, daß
ich mich selber anstarre.
Eine Brandmauer die andre.
ohne Gesicht.
von einem erlöschenden Brand.
unlöschbaren Brand.

Daß es gestern schlimmer war, als es heute ist,
wieder kein Anschluß, die Anschlüsse sind
da, aber es wird nicht angeschlossen, wieder
im Winter, im Sommer, wie gestern, da war es
schlimm, in der Nachbarschaft niemand, zu essen
nichts, kommt ja niemand, ka[m] nie[mand]
die alten Nudeln waren schon alle verkocht.
Verdünnt auch der Essig getrunken.
Schweigen befohlen und ausgeführt.

Gestern, da ging der ganze Regenguß mit einmal
in meinen Hals, ich konnte nicht schreien.
Ich bin froh, daß ich rufen kann heute,
aber es ist ja besser, das Schweigen ein Leichtes.
Über mir kegeln sie, schlagen ans Hammerklavier.
Unter mir schreinern und sägen unsere Bastler.

In der Mauerritze habe ich,
in der Schrecksekunde,
einen schwarzen Käfer gesehen,
der stellt sich tot.

Ich möchte sprechen mit ihm
aus diesem feinen Haus ihm den Ausweg
zeigen, ihm einen Ausweg zeigen,
oder ihn gleich zertreten.

Ich lerne von ihm, ich stelle
mich tot, in diese Ritze Berlin fallen,
verlaufen auf diesem Planeten,
angestarrt auch, zwischen zwei Brandmauern,
von welchem Aug, von wem, der wieder mit mir
nicht sprechen kann, in der Schrecksekunde,

Mich endlich ganz zu zertreten
ist auch in seinem Sinn, in meinem
Wahnsinn, ich selber bins, der mich und den Käfer anstarrt
Ich habe ein Romanebuch in der Hand,
genug schwer, um diesen Käfer zu töten

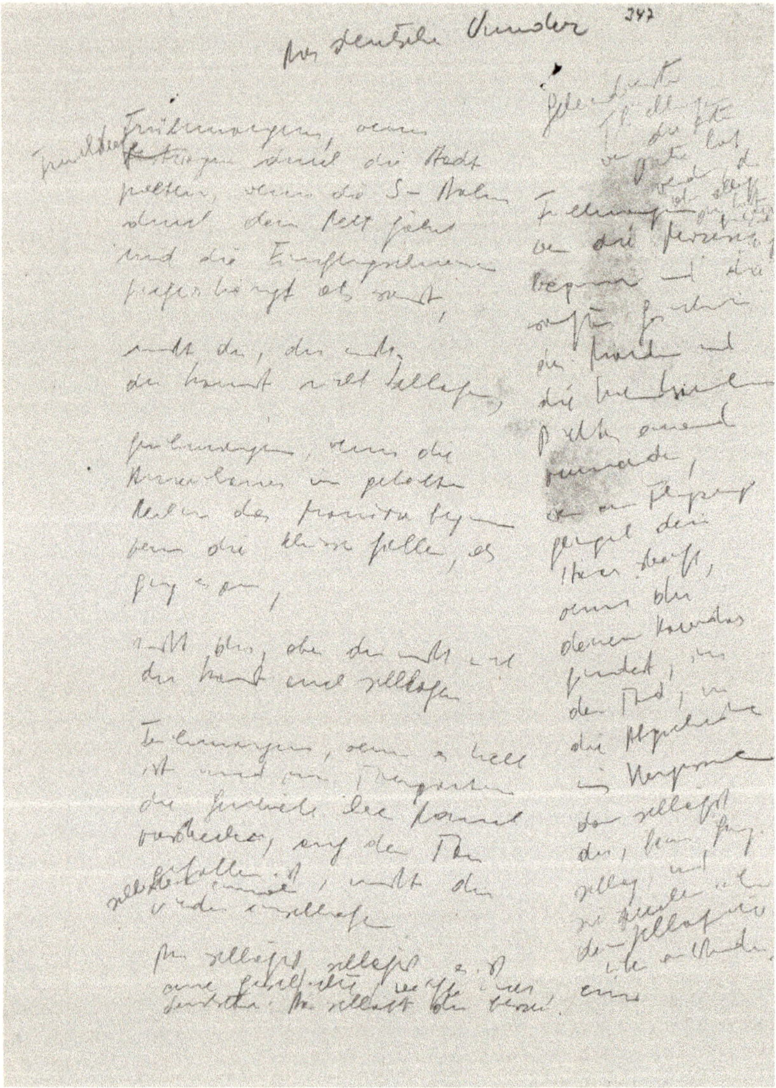

Das deutsche Wunder

Das deutsche Wunder

Frühmorgens, wenn
Fruchtlieferwagen durch die Stadt
poltern, wenn die S-Bahn
durch dein Bett fährt
und die Einflugschneise
tiefer hängt als sonst,

mußt du, du mußt,
du kannst nicht schlafen,

frühmorgens, wenn die
Amerikaner im geteilten
Berlin das Manöver beginnen,
wenn die Schüsse fallen, als
ging es an,

mußt du, aber du mußt nicht
du kannst auch schlafen.

Frühmorgens, wenn es hell
ist und im Tiergarten
die Generäle ihren Bauch
vorstrecken, auf den Ton
gefallen ist, mußt du
schließlich einmal wieder einschlafen.

Du schläfst, schläfst, es ist
eine Geschichte, Geschichte nicht,
deutbar. Da schläfst du besser ein.

Geheimdienste
Flüchtlinge
wenn die ersten
Worte laut werden, dann
aber schläfst

du, hast
für Worte
nichts übrig

Frühmorgens
wenn die Prozesse
beginnen und die
sanften Gesichter
der Mörder und
die urteilsprechenden
Richter einander
vermeiden,
wenn ein Flugzeug-
flügel dein
Haar streift,
wenn du
deinen Korridor
findest, in
den Tod, in
die Abgeschiedenheit
ins Vergessen
dann schläfst
du, beim Gong-
schlag, und
sie sprechen über
den Schlaf wie
über ein Wunder.

Schallmauer

Der Lärmteppich, breit und laut,
hinter dir her schleift,
was mehr lärmt, alles
lärmt und laut lärmt
es, es zittern
Deine Häuser alle,
jeder Fußbreit
in deinem Kopf
alle deine Besitzungen
Gedanken, Gedenken
das überrast
mit einer Geschwindigkeit
die nie die deine war
dieser Wahn, es ist nicht
mehr, nichts ist mehr, und
es ist nicht mehr weit
bis mit dem großen Knall
unter dem du dich duckst
über dir, oben, du
die Schallmauer durchschlägst,
nach oben.
Du duckst dich, du bist schon
oben und trittst deine Reise an
mit funkelnden Fetzen und Felgen
mit ausgerissenen Nähten und
einer Wahnkraft, für deren
Durchschlag der Himmel immer zu weich
und die Erde zu hart ist.

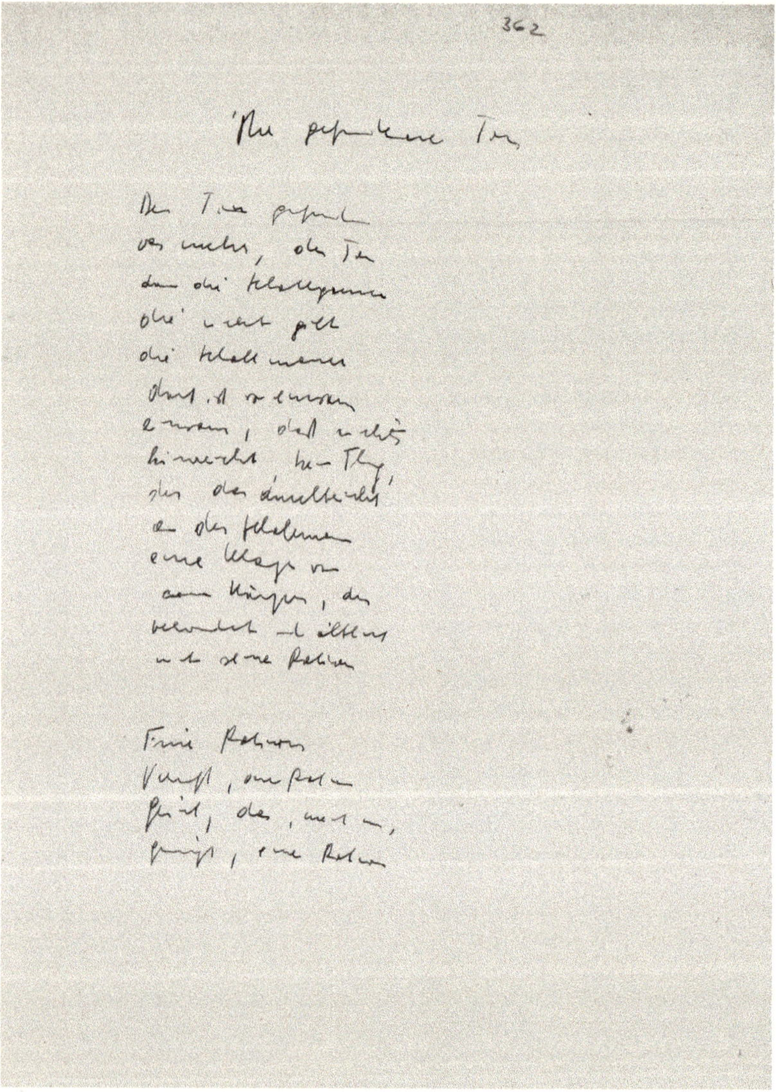

Der gefundene Ton

Den Ton gefunden
was mehr, den Ton
dann die Schallgrenze
die nicht gilt
die Schallmauer
dort ist so einsam
einsam, daß nichts
hinreicht, kein Flug,
der das durchbricht
an der Schallmauer
eine Klage von
einem Körper, der
verwundet und ältlich
mit seiner Ration

Eine Ration
Vernunft, eine Ration
Glück, das, meistens,
genügt, eine Ration

286

Im Fremdenland.

Du bist im Fremdenland
Sie wollen schon keine
Worten, sie verkaufen
keinen Blick
sie treten keine Blicke
dir auf den Füssen
brüllen dir ins Ohr
mit den Alarmpfeifen
Alarm

In Feindeshand.

Du bist in Feindeshand,
sie mahlen schon Deine
Knochen, sie verlangen
Deinen Blick
sie treten Deine Blicke
aus mit den Füßen
trillern dir ins Ohr
mit den Alarmpfeifen
Alarm

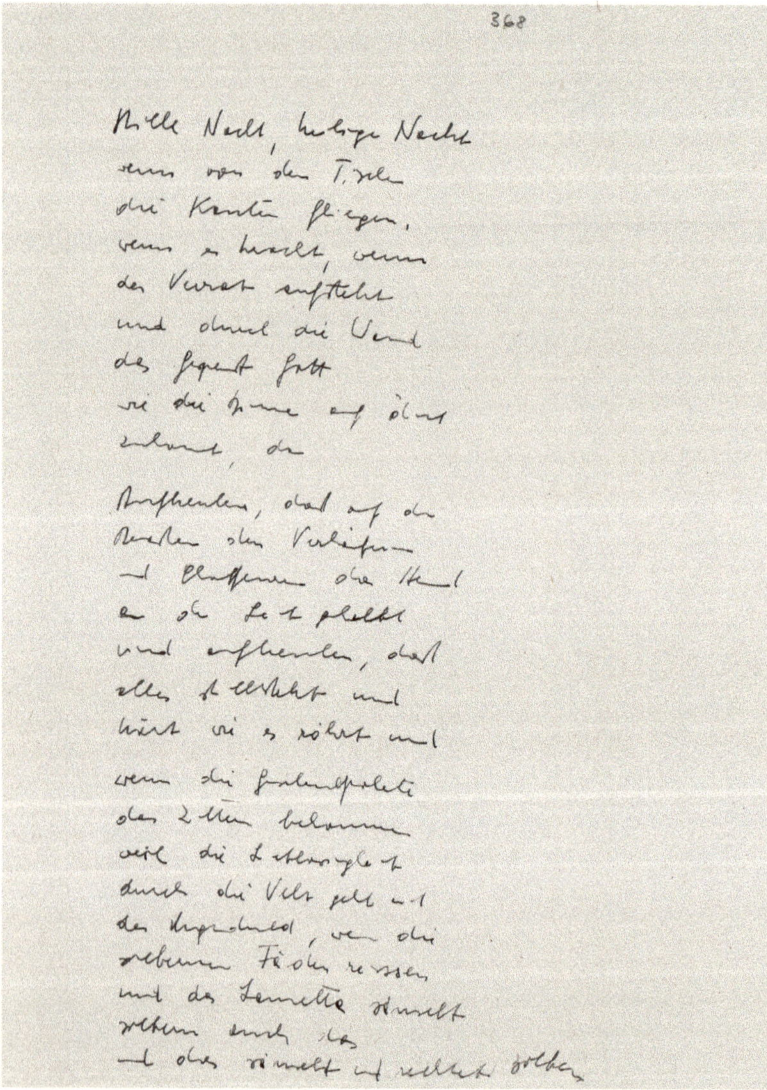
368

Stille Nacht, heilige Nacht
wenn von den Tischen
die Kanten fliegen,
wenn es kracht, wenn
der Verrat aufsteht
und durch die Wand
das Gespenst geht

Stille Nacht, heilige Nacht
wenn von den Tischen
die Kanten fliegen,
wenn es kracht, wenn
der Verrat aufsteht
und durch die Wand
das Gespenst Gott
wie die Spinne auf dich
zukommt, das

Aufheulen, daß auf den
Straßen den Verkäufern
und Chauffeuren das Hemd
an den Leib geklebt
wird aufheulen, daß
alles stillsteht und
hört wie es röhrt und

wenn die Geschenkpakete
das Zittern bekommen
weil die Lieblosigkeit
durch die Welt geht mit
der Ungeduld, wenn die
silbernen Fäden reißen
und das Lametta säuselt
silbern auch das
und das säuselt und rechtet silbern.

auf den Paradeplätzen der Weihnachtsstadt
hab ich geschrien, gejohlt, daß die
Polizei rot wurde und die Karpfen zu glotzen
aufhörten.

Stille Nacht, heilige
Nacht, wenn vom Baum der Ast fliegt
und allein in der Welt hängt, wenn
von den Tischen die Kanten fliegen
wenn die Geschenkpakete das Zittern bekommen,
weil die Lieblosigkeit durch die Welt geht
weil dich das anfaucht, anbellt aus dem Schnee
und die silbernen Fäden reißen und das Lametta säuselt silbern
auch das silbern und gold golden kommt
ein Wort auf dich zu, an dem du erstickst,
weil du verkauft und verraten bist
und weil das nicht ausreicht, daß dich
einer erlöst, der einmal gestorben ist,

Rationen

Die eiserne Ration Glück aufgebraucht
verbraucht die drei Brosamen
Glaube Hoffnung und Liebe
und erstickt daran, in der
Luftröhre eins, vielleicht
Liebe, Erstickungsgefahr,
Atemnot, Schulternklopfen
auf den Rücken klopfen
Erstickungsgefahr
wills hinunter oder speit man es aus

Rationen, Fettmarken für
Nerven, Kleidermarken für
Nacktheit, ein geklebtes Buch
voll Marken voll Bedarfsartikeln
Artikel, die sind nicht mehr.
Es braucht schon nichts mehr,
ein bißchen Geld, einen Tropfen
Branntwein

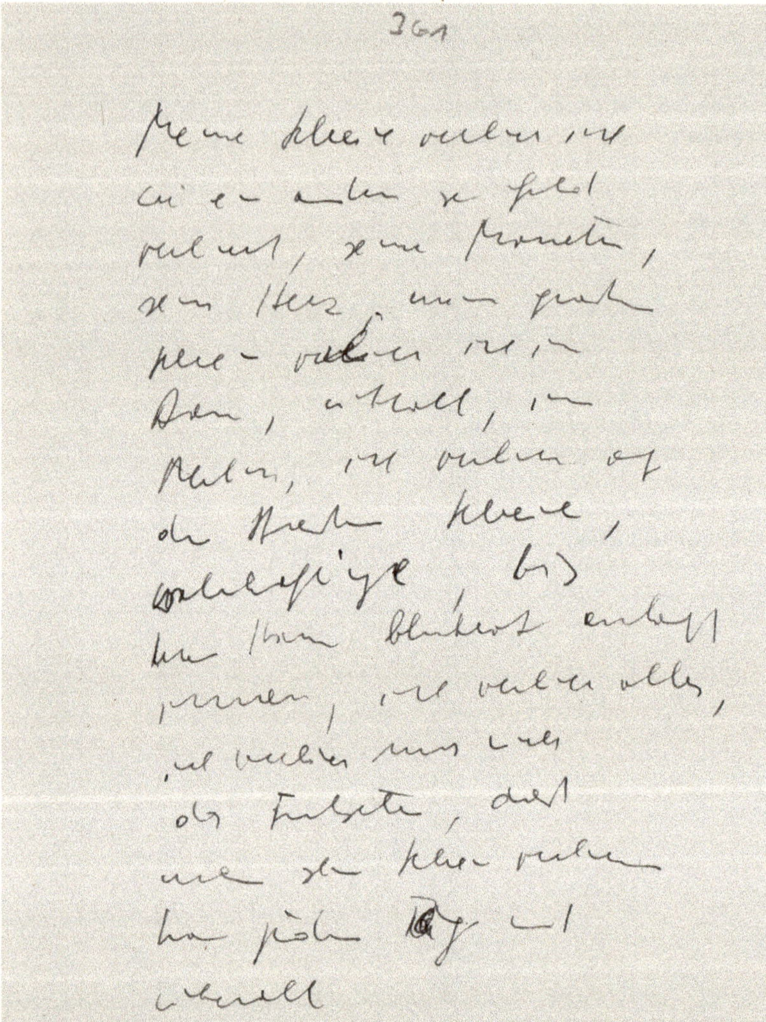

Meine Schreie verlier ich
wie ein anderer sein Geld
verliert, seine Moneten,
sein Herz, meine großen
Schreie verlier ich in
Rom, überall, in
Berlin, ich verlier auf
den Straßen Schreie,
wahrhaftige, bis
mein Hirn blutrot anläuft
innen, ich verlier alles,
ich verlier nur nicht
das Entsetzen, daß
man seine Schreie verlieren
kann jeden Tag und
überall

Bei Lebensgefahr

Bei Lebensgefahr
kein Blitzableiter,
keine Notbremse
keine Flucht
kein Leuchtturmsignal

Nachts das lange langsame Kauen
Verbeißen in Gespenster
Kampf mit Nembutal 20 Stück
genügen

Es ist Vorsorge getroffen,
daß Tag wird,
das ist
alles.
und arbeitende Muskeln im Gesicht,
bis oben das Wasser aus den geschlossenen
Augen langsam austritt, dann Urin
dann eine Erleichterung, Seufzer,
die nur sagen, 5 Uhr morgens
es geht auch das
vorüber das versalzene Bett, schwimmt
und das versalzene Kissen
geht eine Hand einer sagt,
schlafen, schlafen,
nichts weit[er] als schlafen

Während eine Ideologie die andere rammt
während die Erde bebt am Balkan
einer vom Gerüst stürzt
und ein Kind, ein einziges,
in ein Auto läuft,
eine Gasleitung undicht geworden ist,
während es da und dort sich stirbt
und gestorben wird, ein Zeitzünder platzt
und Du weißt es auch,

bist Du allein in Lebensgefahr
Das weißt Du anders das ist
so anders und wächst noch kein Kraut
dagegen und zitterst und züchtest
ein Kraut dagegen, nur Ruhe und Tapferkeit
Tapferkeit sagst Du in der Nacht,
tapfer sein, das heißt
leben mit dem Geröll
im Kopf mit dem Rollen und beim Untergang
dessen was glücklich macht, was war es,
es war bloß ein wenig, aber alles,
ist schon untergegangen, du gehst unter,
du mußt etwas dagegen sagen, Dir
den andren das übliche sagen, wie geht es
und danke gut,
gutt gutt gutt in einer Lache Blut,
das tropft gutt gutt, bei Lebensgefahr
mit der offenen Schlagader
nichts zu machen

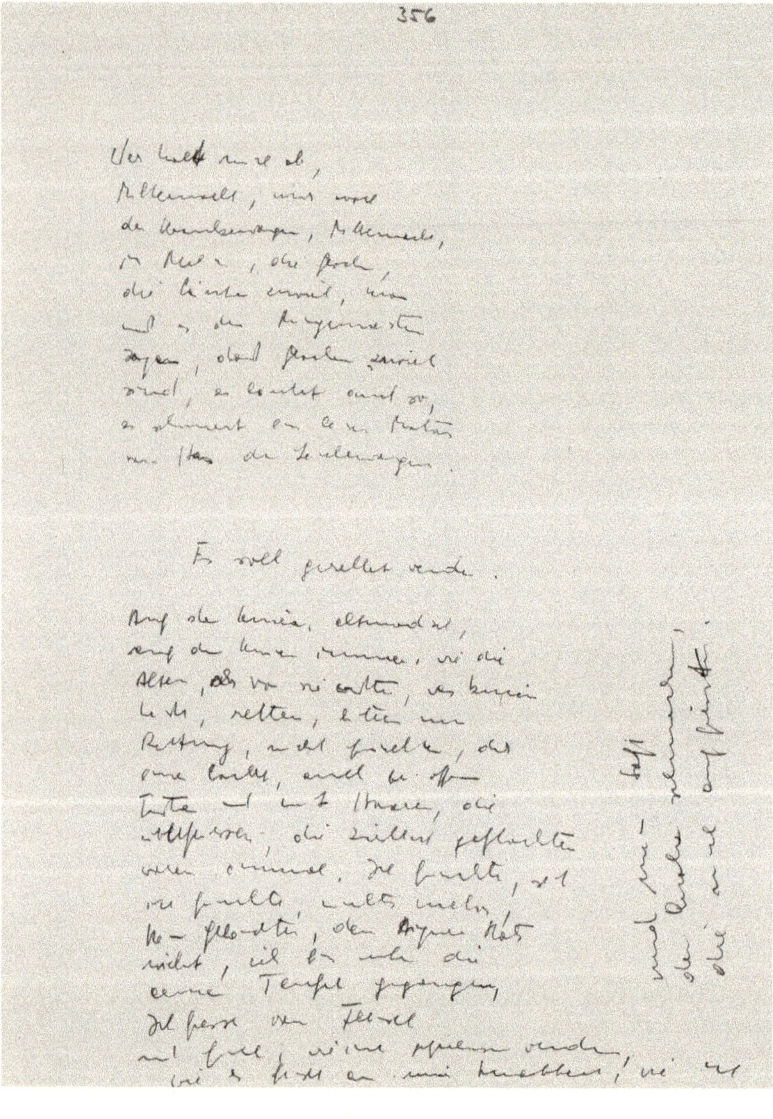
356

Wer holt mich ab,
Mitternacht, nur noch
der Krankenwagen, Mitternacht,
in Berlin, die Glocken,
die läuten zuviel, man
muß es dem Bürgermeister
sagen, daß Glocken zuviel
sind, es läutet auch so,
es schmiert ein leiser Motor
von Haß den Leichenwagen.

Es soll gerettet werden.

Auf den Knien, altmodisch,
auf den Knien immer, wie die
Alten, eh vor sie wußten, was knien
heißt, retten, bitten um
Rettung, nicht fürchten, daß
einer lacht, auch bei offenem
Fenster und mit Haaren, die
überfließen, die zärtlich geflochten
waren einmal. Ich fürchte, seit
ich fürchte, nichts mehr,
mein Gelächter, den eigenen Stolz
nicht, ich bin unter die
armen Teufel gegangen,
Ich fresse vom Fleisch
und fühl, wie ich gefressen werde,
wie es frißt an mir knabbert, wie ich
und mein Saft
der Qual schmecken,
die mich auffrißt.

Eine andere Rache

Eine andere Rache als die gemeine, die Zeit,
die nicht existierende Zeit,
wird rächen und im Burghof meine Treuen versammeln,
jeden Gegenstand, jeden Ort voller Leiden,
eine ganze Station die von Blumen bepflanzt war,
und getreten worden ist, mein rollender Kopf
wird jeden Tag wieder fallen, mein Schweiß
und Todesschweiß jeden Tag ein Laken befeuchten,
in dem ich noch immer liege, weil es nicht zurückgegeben worden ist,
vergessen, um zu erinnern,

Alkohol

Trinken, was trinken,
ich trinke, trinke den Staub auf den Flimmer auf
ich trinke in mich hinein soviel Schilling
ich trinke meine Arbeit in mich hinein trinke
heraus, ich kann nur mehr trinken
mich aus allem heraus trinken, das säuft
den Geschmack weg aus allem, aus Staub aus
ich sags nicht weil keiner es sagt
warum es trinkt, sich zu Tod säuft,
ich bins ja ja nicht, es säuft sich
an ich sag nicht, weil keiner sagt
man soll mich nicht aufrütteln
mich zwingen zu sagen, es weiß ja jeder
warum es säuft, sich besäuft, sich
sich betäubt, es betäubt sich
Und was Liebe und Krätzen und Fortschritt
es weiß ja jeder und wer nicht säuft, weiß
auch, es weiß ja jeder, das sag ich nicht mehr,
weiß weiß weiß weiß weiß weiß
weiß weiß weiß
weiß
mehr sag ich nicht
als das jeder weiß

Politik der Schwäche oder eine verlorene Liebe

Eine verlorene und wie man das nennt
und immer noch eine und eine Liebe
das heißt sich gewinnen, gehen
und leben, das heißt sein
von den Fußspitzen bis zu den Haar
spitzen, das heißt, leben, eine verlorene
Einbildung, daß weiter nichts ist
als auch leben und gehen und
eine Arbeit tun, das heißt nicht viel
ist doch zwischen nichts und etwas
ein etwas, das heißt, keine verlorene
Liebe, das heißt nichts verloren
nicht verlieren
du bist nicht verloren.
Zwischen Berlin und Rom und zwischen
amtierenden Städten bist du eine
Politik der Schwäche.
machst du eine Politik der Schwäche

Viel liebst du nicht mehr, doch
du liebst, du liebst
magst ein Haar, magst daß ein Gesicht
so ist und magst dich sehen in ihm,
du willst seinen Spiegel, du
gehst lieber unter in diesem Spiegel
als dich zu halten im nirgendwo,
du liebst noch eine Hand, liebst noch
ein fünffingerknochenspiel, liebst noch
daß es spielt mehr, als daß nichts mehr spielt,
du liebst noch das spiel,
du liebst noch, liebst
einen Körper, der an sich selbst nicht mehr glaubt
du liebst sein[e] Hinfälligkeit, Infarkt und die Kluft
zwischen dem möglichen Magenkrebs und der Leberzirrhose, du
liebst also ein Schlachtfeld, auf dem du, ein Feind,

der rosig aussieht, mit deiner Gebrechlichkeit
eine Gebrechlichkeit in den Arm nimmst
und tötest durch einen Blick
auf die Zeit vor Dir auf die Zeit nach Dir
auf den Tod, der das eine ist,
den Tod, der das andre ist
für dich, den der
Tod sein wird,
das ist
bald.

Die Schulden dem Schuldner,

Und in dieser flauen und öden
wo Tage enger geworden sind,
wos zuende war
und jedes Hämmern, jeder Schlag,
mich niederschlugen, da es doch
ausweglos schien, Sprechen Lachen
unmöglich schien,
da schuld ich nun einem
daß vier Stockwerke wieder
nicht zum Herunterstürzen,
ein Autos nicht um an den Baum
zu rasen da sind, auch die Nacht nicht
mehr eine Zelle ist
in die ich eingebracht werde nach so einem wütigen Versuch.

Enigma

So früh schon Abend, und so spät noch Morgen,
immer dunkelts ins Zimmer herein,
Schnee, Nebel als Grund, wievielter Winter schon?

Enigma

Am Nil in der Nacht, am Nil,
wo die Sterne dir bis in den Mund hängen
und dein trockenes Herz wieder befeuchtet wird,

in der Nacht in Ägypten,
wo du noch niemals warst, aber bald sein wirst,
um der Sphinx deine Antwort zu geben.

In der blauen Nacht,
wenn im immer offenen Mund die Wüstenzunge
deine Feuchtigkeit sucht
wenn es dich niederbrennt
kommt dein erschöpfter Laut
meiner Antwort nah.

Meines Lebens Leben
verwilderten Mund
dir den Atem austreiben
und keine Erinnerung mehr lassen,
laß mich bei mir sein,
laß mich bei dir sein

Wiedergefunden hab ich
in einer Nacht der Liebe
wiedergefunden

Nacht der Liebe

In einer Nacht der Liebe nach einer langen Nacht
habe ich wieder sprechen gelernt und ich weinte,
weil ein Wort aus mir kam. Ich habe wieder gehen gelernt,
ging bis ans Fenster und sagte Hunger und Licht
und Nacht war mir recht für Licht.

Nach einer zu langen Nacht,
wieder ruhig geschlafen,
im Vertrauen darauf,

Ich sprach leichter im Dunkeln,
sprach weiter am Tag.
Bewegte meine Finger in meinem Gesicht,
Ich bin nicht mehr tot.
Ein Busch, aus dem Feuer schlug in der Nacht.
Mein Rächer trat hervor und nannte sich Leben.
Ich sagte sogar: laß mich sterben, und meinte
furchtlos meinen lieberen Tod

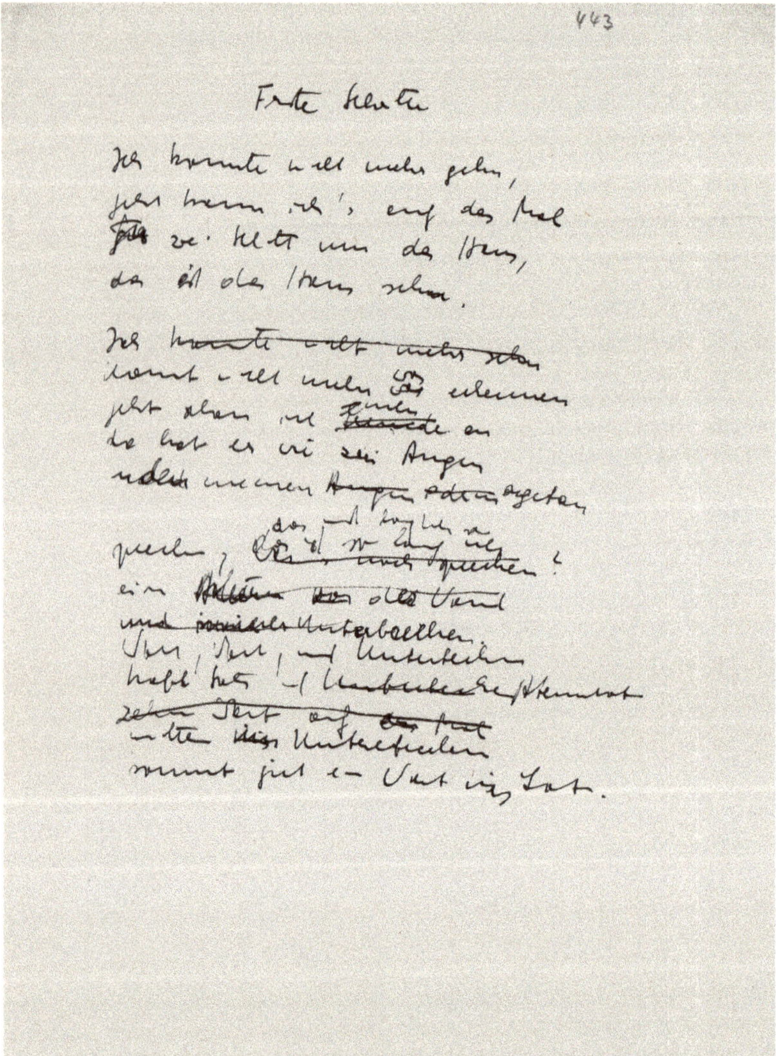

Erste Schritte

Ich konnte nicht mehr gehn,
jetzt kann ich's auf das Mal
zwei Schritt um das Haus,
da ist das Haus schon.

Ich konnt nicht mehr was erkennen
jetzt schau ich einen an
da hat er wie zwei Augen
den meinen zugetan

sprechen, das muß lang her sein
ein Wort, Wort und Unterbrechen
habt Satz und Atemnot
mitten im Unterbrechen
kommt jetzt ein Wort ins Lot.

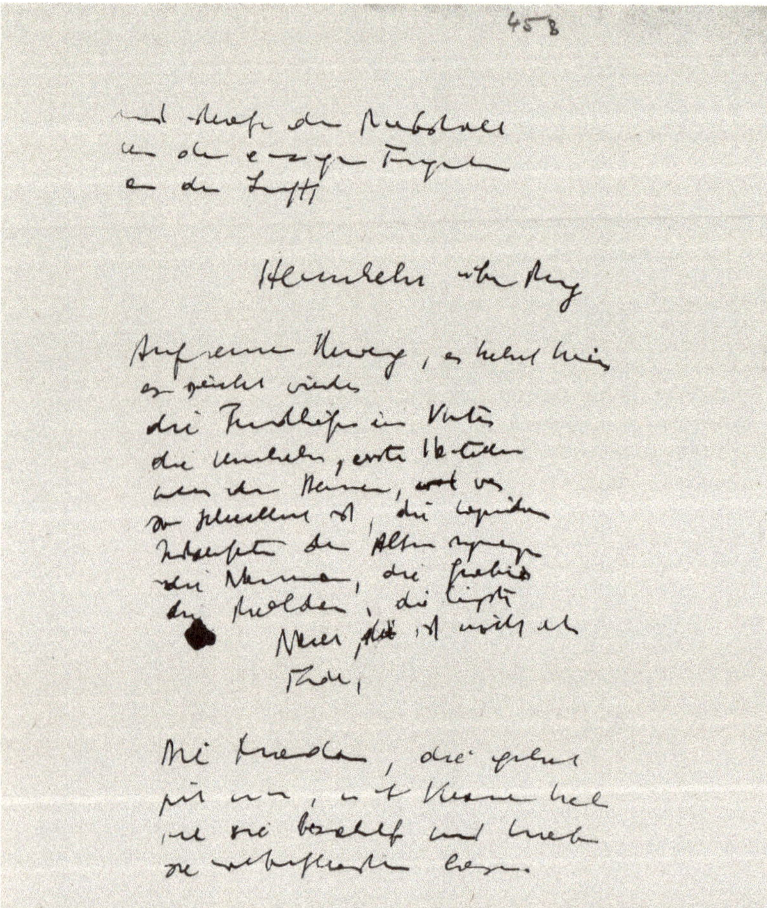

Heimkehr über Prag

Auf einem Umweg, es kehrt heim
es spricht wieder
die Friedhöfe im Winter
die Umkehr, erste Heimstätte
unter den Sternen, was
so schrecklich ist, die lapidaren
Inschriften den Alten zusprangen
die Namen, die Gräber,
die Moldau, die längste
Nacht, die ist nicht zu
Ende,

Die Moldau, die gehört
nur mir, mit Kronen hab
ich sie bezahlt und hab
sie weiterfließen lassen.

WENZELSPLATZ

Nicht viel zu sehn, Eisfährten, Schneehaufen
rauchend vor Kälte die Münder, hinauf und
hinunter wie Fischzüge vonhause nachhause
Menschen. Nicht viel zu verstehn.
miteinander und in der Quere

Es raucht nur, wölkt sich, vor sich hin denkt
sich ein jeder, denkt sich nichts. Wozu auch
und warum hier.

Der Platz, von ich aber nachhause finde, heißt auch so,
ist ein und derselbe. Ich habe meinen kleinen Rauch
vor dem Mund und biege ein und komme lebendig an
in eine Gasse, die weit unten in meiner Vergangenheit endet
in der meine Herkunft ist.

Jüdischer Friedhof

Steinwald, keine vorzüglichen Gräber, nichts zum Hinknien
und für die Blumen nichts. So eng ist dort ein Stein, wie den
andren um den Hals fallend, keiner ohne den andern zu denken,
und für die Lebendigen einen Spaltbreit Durchlaß gewährend,
trauerlos, Wer den Ausgang erreicht, hat nicht den Tod,
sondern den Tag im Herzen.

Poliklinik Prag

Da ist alles umsonst. Kostet nichts mehr.
Nur die krank sind, Kein Reichenhaus, kein Armenhaus,
nur ein Krankenhaus für die Kranken, kostet nichts,
alles umsonst, kein Vortritt und keine Privilegien,
da sind alle krank und klopfen an wie ans Paradies
und taumeln wie vorm Paradies und atmen kaum

Terra Nova

Ausruhen in einem dunklen Gesicht
in einer schwarzen Hand
ruhen in einem Wort ich komm um vier
warum bist du nicht
gekommen, ruhen
Rache üben an allem, was weiß ist
weiß war, weiß sein wird,
Rache und Trauer üben
in einer langsamen Hand
in der Kohlengrube
im dichten Gefunkel
von einfach gut tun,
es besser tun, verschränken
was zu verschränken ist,
umbilden, was zu bilden ist
in dem ausgegangenen Ofen, in dem
einer auf mein Herz
bläst, damit es wieder anfängt
ein wenig zu glühen,
und Ruß rinnt dabei
von seinem über mein Gesicht,
die Rassen verschränken
damit weiß hell wird
und schwarz dunkel wird
und Lachen hell dunkel,
Lachen

Verzicht

Meine Haut trägt noch einen Atem,
meine Hand hält noch sein Geschlecht
mein Mund wölbt sich noch über Mitternacht
mein Begehr bist noch du
Was ist mein Begehr, wenn nicht du!

Ach wie gut, daß niemand weiß,
willst du mich elend machen,
so fang wieder an,

Immer wieder
Schwarz und Weiss

Wieder wölbt sich mein Mund über Mitternacht.
Eine dunkle Zunge rührt in mir einen Ton wach
mit dem ich schluchzend hing, an dir, nächtelang
tagelang laß ich Licht ein, und werde nicht rein.
Meine Haut ist farbig von deiner geworden.
Ach wie gut, daß niemand weiß, wie du heißt,
daß meine junge Schwärze herrührt von deiner alten.
von deiner uralten, eingeborenen
Du rufst mich wie die Königin vom Sambesi

Auflösung

Eines Tags, es war gestern, oder, ist auch
gleichgültig, da setzt dieses Gesicht sich wieder
zusammen, da holen die Füße aus, ganz zerbrochen
immer noch innen, eines Tags holt man sich jemand
von der Straße, von wo ist auch gleichgültig,
man betastet und wird betastet, verläßt
sich wieder darauf daß dieses Fleisch hungrig
ist,
aber am nächsten Tag erst, nicht während
es sich vereinigt, sich betreibt, sich äußert,
macht es die Poesie, auf die es schon keinen Wert
mehr legt, es erinnert sich, allein, gesäubert,
es erinnert sich mit und ohne Hilfe des Kopfs
es möchte wieder, es möchte so wieder und
besser lieben, es möchte hat ja das Gefühl,
das ins Fleisch schneidet. zubereitet.
Männer und Frauen, Mann und Frau, das ist gut, das
soll oft sein, und Mann und Mann und Frau Frau,
gut ist nur, was gut tut, es hat immer
gut getan

An einer Kreuzung stehen, nach einer Kreuzigung,
und vor Dankbarkeit nicht wissen, wohin gehen.
Der Weg ist kurz.
In jedem Fall.
Wähl welchen du willst,
es ist gleichgültig.

Ich rufe Dich von der Straße,
komm, hab schwarzes Haar, sei jung,
sei hart, tu weh, hier wo alle blond sind,
terra nova, Africa, ultima speranza.

Ich habe euch, meine Spießer, hätt ich euer hundert
nie in mich verschränkt, euch ja, meine Männer
den geschwollenen Mund von seiner tückischen Reinheit
befreit, und meinen Schock gelind und wüst, gekostet
genossen. Ich atmete: mehr. Mehr von euch, mehr von mir,
mehr von allem zusammen.

Ich habe ein Ende gemacht mit dieser stummen Meuterei
im Besitz, habe euch verhöhnt, euren Besitz, den Krüppel
den ihr besessen habt, mich nicht, nur diesen toten Rumpf,
diese gelähmte Hand, mehr nicht – Ich atmete immer: mehr.
Die Schmach ist aus mir gegangen in dieser Orgie,
die bürgerliche Infamie mit ihren Demütigungen
der Langweile und des raschschlüssigen Urteils
über ein Fleisch, das so lebendig ist wie sein Geist.

Die Wüste hat meine Augen begegnet mit Sand, von meinem verwüsteten
Herzen konnt ich nur vorher sprechen, jetzt ist es verwüstet
wunderbar, die Sandschleier ziehen auf, die Dünen habens genommen,
meine Blicke besänftigt mit ihrer unendlichen Zeichnung
mein Gang ans Rote Meer. Mehr sag, ich mehr, mehr noch vom Sand.

Diese Infamie, deren Kreuz ich ein halbes Leben lang
getragen habe, bis mir das Kreuz brach, die gewissenlose
Ausbeutung eines leidenschaftlichen Beginnen von Du.

Du, das ist, wo wenig ist, wo die Rasse niedrig Deiner
niedrigen weißen Rasse so ins Gesicht schlägt,
daß Du Deine Abende mit den weißen Großvätern vergißt,
das behält kein Hemd an, was hier ist, das ist so jung wie alt,
das ist wirklich und ohne Rücksicht.

Soziologie

Wie kalt lassen mich diese sozialen Konflikte
Erfahrungswissenschaftlich, um sechs Uhr Abend,
Norm, Herrschaft, und kritische Distanz,

Eine internationale Diskussion,
und das Telefon, es ist sechsuhrdreißig
der Tee kalt geworden, es läßt ihn kalt,
werden und die Zeitungen, die auf
dem Boden liegen, jede Nachricht
ein Schmutzfleck eine Granate, eine züchtige
Obszönität, möchte verbrannt werden,

Es brennt mich, wie soll ich sagen,
daß ich warte auf Anrufen,

STRANGERS IN THE NIGHT

Im November, und noch im Dezember
so Lachen muß ich, das war,
ein ganzes Leben für mich,
das Telefon ist blaß
geworden, geläutet hat es auf andre Art,
die Zigaretten haben mich
an den Fingern verbrannt,
und nachher die Vögel die Himmel mit
ihren Südwärtsschreien.
Auswärtig haben wir gesprochen,
und mir ist immerzu Jerusalem
eingefallen, das meine,

Was für eine Grausamkeit,
mich an der Haut zu ritzen,
ins Herz zu treffen
bin ich nicht mehr.
Ich spreche und lache und spreche.
Zu treffen nicht mehr.

Aber die Vögel mit ihren
schrecklichen Schreien.
Ich habe ein Gefühl
hinterlegt, und ich
hatte ein letztes.

Wie müd bin ich und wie lache ich
und ich zeige mich dort, wo die Vögel
geschrieben haben, und ich sage nichts,
ist nichts mehr zu sagen, ist nichts mehr.
Nur im November, und sogar im Dezember
ich habe deinen Namen in den Schnee
geschrieben und gejubelt.
Es war die schönste Zeit.
Nicht ich habe zu danken,
der frühe Winter hat ein

Glück gehabt mit mir, mit
uns beiden, vielleicht.
Wo bist du? Das ist keine Frage.
Ich weiß ja. Ich bin alt
und weise auch, das Grab ist geschaufelt,
da täuscht nichts.
Jugend, das ewigliche Licht,
ich habe es nie gesehen
aber ich plädiere für das Jungsein.
Ich plädiere für Dich.
Mir ist ein paar Wochen geschenkt worden,
was Jugend ist, und ich habe gewußt, ich
habe keinen Teil daran,
Ich möchte jung sein, [w]eil ich es nie war,
ich bin nur angenommen, nach Katastrophen,
und ich bin geduldet.

Dein Tod, und wieder

dein Tod, wüßt ich, wie er und warum,
gekommen ist, wär ich schon soviel
stiller, und ich rätsele und
rate, nenne es Verlust,
und mehr und weniger als das,

Wie bist du gestorben,
hinuntergestürzt direkt
direkt aus meinen Armen,
und aufgegeben direkt in
meinen Armen, wo ich
auch hingehe, mich
verfolgen diese fünf Schüsse,
oder waren es doch bloß zwei,
ich nenne es immer fünf,
die du mir zugefügt hast, und
mich nicht ermordet,
sondern doch dich,

Wer ist der Tote,
wenn er stirbt,
wenn sein Geist abfällig wird,
sein Körper unfaßbar,
was wird da bei mir noch bleiben,

nach soviel Jahren immer noch
und immer wieder.

Ich ruhe mich aus,
ein schwarzes Laken, von
[W]orten, und vollgesprochen
Kissen, hinuntergewürgt die
Gläser beinah mit dem Glas.

An jemand ganz anderen

Daß die Pirellireifen, daß ich nicht,
daß ich, ich laß dich, auch dich,
auf dem nassen Asphalt, der darf
und ich nicht, ich starren auf den Knoten
deiner Krawatte und die Vögel, die
auf der Ausreise sind, die schreien
und jubeln und tödlich, und werden
morgen vergessen. Und ich darf nicht.

Was alles wag ich nicht. Ein Blick
ist zuviel, und die Zitronenscheibe
in deinem Glas, wenn du getrunken hast,
stürzt mich in die Verlegenheit.
Ich darf nachschenken, mehr nicht.

Ich bin aus einem anderen Land,
darf man dann nicht. Ein Blick auf
dein Gesicht bedeutet mein Auslöschen.
ich bin am äußren hängengeblieben,
inwendig hab ich nichts mehr. Ich
rühme nicht die sanften Bewegungen
deiner Gedanken und die Zuspitzung.
Ich schaue, und ich liege ohnmächtig
in einem Satz, den du sagst und
höre deine Stimme das passé defini,
und der konjunktiv, ich weiß nicht,
ob man mehr lieben kann, du sagst auch
: dunque, und ich sterbe und bete an,
während ich vor Träumereien die Rechnung
unseres Abends erhöhe, ich trinke noch
ein Glas und höre, ich höre ich verstehe.
vor lauter Zuhören
daß ich es nicht bin.
Ich habe mich aufgelöst und meine
Vergangenheit in dir, und ich sitze am
Telefon und werde pronto sagen, und

ohne Hoffnung, daß es klingt, und
der Hörer wird schwarz werden vor
Angst und der verwickelte Draht
wird etwas wissen von der Verwicklung,
und das Klingeln wird in mein Herz
einen Schmerz von meinem Alter drehen,
und von Orten, an die ich reisen möchte und
einen kampf und ein Auslöschen, ich will
mich auslöschen wenn ich spreche.
Deine Erleichterung, daß ich Sätze bilde und Fehler
mache, ist meine Erleichterung.
Das Gepäck, ein Schutthaufen, wird nicht mehr
bewegt.

Dank

Wir sagen herzlichen Dank allen, die uns durch ihre Anregungen, Ratschläge und Mitarbeit geholfen haben: Hans Höller, der uns auch ermutigt hat die Gedichte zu veröffentlichen, Eva Irblich, Gisela Fichtl, Thomas Tebbe, Helga Pöcheim und Andreas Moser.

Zur Edition

Mit Ausnahme der fünf im Vorwort erwähnten Gedichte sowie der Gedichte »In memoriam K. A. Hartmann«, »Verzicht« und »Immer wieder Schwarz und Weiß« waren alle in diesem Band veröffentlichten Texte im Nachlaß bisher gesperrt.

Die Originale befinden sich in der Handschriftensammlung der Österreichischen Nationalbibliothek in Wien. Die Blattnummern der Handschriften und Typoskripte markieren weder eine chronologische Ordnung noch dokumentieren sie die Zusammengehörigkeit verschiedener Blätter.

Zur Textgestalt

Groß- und Kleinschreibung wurde prinzipiell unverändert aus der Handschrift bzw. dem Typoskript übernommen. Ebenso blieb die *Interpunktion* grundsätzlich unangetastet, auch unkonventionelle Satzschlüsse wurden belassen (z.B. ein Komma am Ende einer Strophe oder eines Gedichts), um den Entwurfscharakter der Texte zu dokumentieren.

»ss« in den Typoskripten wurde gemäß den Regeln der alten Rechtschreibung in »ß« verwandelt, Ingeborg Bachmanns überwiegendem handschriftlichen Gebrauch folgend. Sie arbeitete mit einer italienischen Schreibmaschine ohne Type für das »ß«. Entsprechend wurden die Stellen, an denen Ingeborg Bachmann in den Manuskripten entgegen den Regeln »ss« statt »ß« geschrieben hat, korrigiert. »ae«, »oe«, »ue« im Typoskript wurde ebenfalls in »ä«, »ö« und »ü« korrigiert.

Tippfehler in den Typoskripten wurden nur korrigiert, wenn es sich um eindeutige Buchstabendreher oder -auslassungen handelt (z.B. *»Skurpellosigkeit«* in *»Skrupellosigkeit«*, *»esnicht«* in *»es nicht«*). Lassen Tippfehler sich auf verschiedene Weise korrigieren, finden sich die ursprüngliche Wortgestalt und evtl. andere mögliche Lesarten in den Anmerkungen (z.B. im Typoskript: *»kpf«*, mögliche Korrekturen: *»kopf«*

oder *»kampf«*). Mutmaßliche Tippfehler, die aber ein sinnvolles deutsches Wort ergeben, wurden in aller Regel belassen (z.B. *»eingenährt«* statt wahrscheinlich *»eingenäht«*).

Korrekturen der Autorin wurden soweit möglich ausgeführt, die Varianten sowie nicht eindeutig zuzuordnende Korrekturen finden sich in den Anmerkungen. Es ist ein Spezifikum der Arbeitsweise von Ingeborg Bachmann, daß sie Textelemente, die durch die Korrektur überholt sind, häufig nicht ausgestrichen hat. Diese Fälle sind in den Anmerkungen dokumentiert.

[ ] Einfügungen der Herausgeber

[– –] nicht entzifferbare Stellen

blau unterstrichene Wörter markieren eine mögliche Lesart an Stellen, die nicht eindeutig entzifferbar waren

Anmerkungen

EINTRITT IN DIE PARTEI S. 9
Textgrundlage: Typoskript Blatt 308 und 276 aus dem Nachlaß. Blatt 276 beginnt mit der letzten Zeile der sechsten Strophe.
Strophe 1, Zeile 3: *»wer weiß es nicht«* ist eine Korrektur, die über die Worte *»weiß ichs doch«* geschrieben ist (ohne Streichung). Strophe 2, Zeile 3: im Typoskript steht *»rines Gefühls«*. Strophe 4, Zeile 5: *»Flitspitze«*, evtl. ein Tippfehler für *»Flitspritze«*. Strophe 5, Zeile 2: statt *»Gott«* steht im Typoskript *»Tott«*.

[MEINE GEDICHTE SIND MIR ABHANDEN GEKOMMEN] S. 11
Textgrundlage: Typoskript Blatt 437 aus dem Nachlaß.

[ICH HABE DIE GEDICHTE VERLOREN] S. 13
Textgrundlage: Handschrift Blatt 444 aus dem Nachlaß.
Der Text setzt hier offenbar zweimal an und bricht ab, bevor die dritte Variante weitergeführt wird. Die Strophenzählung beginnt mit *»Alles verloren«*. Strophe 2, Zeile 2: *»Jahre und gesehene Orte«* ist über *»[– –]und Schiffe«* geschrieben (ohne Streichung). Strophe 2, Zeile 5:

»hinten«, evtl. auch *»Winter«*. Strophe 2, Zeile 6 und 7: *»Weiten«*, eine andere mögliche Lesart wäre *»Worte«*. Strophe 3, Zeile 4: *»das gläserne Hotel malt«*, ist unter *»liebevoll die Sterne und [– –]«* geschrieben (ohne Streichung).

TOTENINSEL S. 15
Textgrundlage: Handschrift Blatt 351 aus dem Nachlaß.

KARDINALFEHLER S. 16
Textgrundlage: Typoskript Blatt 431 aus dem Nachlaß.
Zeile 8, letztes Wort: im Typoskript steht *»Existent«*.

KEIN ZEUGNIS ABLEGEN S. 17
Textgrundlage: Typoskipt Blatt 183a aus dem Nachlaß.

DIE NACHT DER VERLORENEN DAS ENDE DER LIEBE S. 19
Textgrundlage: Handschrift Blatt 3814 aus dem Nachlaß.
Das Gedicht ist auf eine Papierserviette geschrieben. Die erste gestrichene Zeile lautet: *»Nichts besonderes.«*

[ICH WEISS KEINE BESSERE WELT] (Die schwachsinnige Moral der Opfer) S. 20
Textgrundlage: Typoskript Blatt 441 aus dem Nachlaß.
Strophe 2, Zeile 8: im Typoskript korrigiert, der ursprüngliche, nicht durchgestrichene Text lautet *»Werbung ist, diese schwachsinnige Moral«*. Strophe 3, Zeile 3: am Anfang der Zeile steht mit »xxx« übertippt *»Antwort«*.

ICH WEISS KEINE BESSERE WELT (Wer weiß eine bessere Welt) S. 21
Textgrundlage: Typoskript Blatt 302 aus dem Nachlaß. Ganz oben auf dem Blatt steht die Zeile: *»eine schwarze Operette, die mich geniert und zum Lachen bringt«*, sie gehört vermutlich zu einem anderen Text, danach folgen zwei Leerzeilen.
Zeile 2: *»nicht mehr in Tapferkeit«*, *»nicht mehr«* steht ohne Streichung über *»in Tapferkeit«*. Zeile 2: *»und diesen Speichel«* steht über den nicht gestrichenen Worten *»nicht abgewischt«*. Da Ingeborg Bachmann korrigierte Stellen meist nicht ausgestrichen hat, kann es sich hier also in beiden Fällen entweder um eine Einfügung handeln (dafür haben sich die Herausgeber entschieden) oder um eine Ersetzung.

[Bis zur Wiederkehr] S. 22

Textgrundlage: Typoskript Blatt 184 aus dem Nachlaß.
Strophe 3, Zeile 3: im Typoskript steht statt »*über*« lediglich »*üb*«.
Strophe 3, Zeile 6: im Typoskript steht »*eines*« statt »*einer*«.

[Müd und untauglich] S. 23

Textgrundlage: Handschrift Blatt 335 aus dem Nachlaß. Auf demselben Blatt darunter steht das Gedicht »Werbung« (siehe S. 25).

Werbung S. 25

Textgrundlage: Handschrift Blatt 335 aus dem Nachlaß. Auf demselben Blatt darüber steht das Gedicht »Müd und untauglich« (siehe S. 23).

Ach S. 26

Textgrundlage: Typoskript Blatt 429 aus dem Nachlaß.
In Strophe 2, Zeile 1 steht »*Tore*« über »*Flügeltüren*« (nicht gestrichen).

Für C. E. S. 27

Textgrundlage: Typoskript Blatt 434 aus dem Nachlaß.
Strophe 2, Zeile 2: im Typoskript steht »*das verritete Gras*«.

Wiedersehen S. 29

Textgrundlage: Handschrift Blatt 358 aus dem Nachlaß.
Zeile 9: »*und werden fortan die Fernsten sein*« ist über die Worte geschrieben »*Die fernsten werden wir sein*«. Nur die drei letzten Worte »*werden wir sein*« sind gestrichen. Zeile 19: Das Anführungszeichen ist eingefügt, in der Handschrift steht lediglich das Anführungszeichen in Zeile 15.

Ein Tag S. 31

Textgrundlage: Handschrift Blatt 234 aus dem Nachlaß.
Nach der ersten Zeile steht in der Handschrift durchgestrichen: »*Ein Tag Aberglaube*«. Evtl. soll die folgende Zeile »*Schwarzsicht*« den Titel »*Ein Tag*« ersetzen. Strophe 3, Zeile 1 stand ursprünglich (durchgestrichen): »*Das sind die Tage*«. Strophe 3, Zeile 2: zunächst stand im Text (durchgestrichen) »*das Frühstück wird Toten*«.

[Ich bin ganz wild von Tod] S. 33
Textgrundlage: Handschrift Blatt 2633 aus dem Nachlaß. Gefaltetes DIN-A4-Blatt, die Innenseiten tragen die Blattnummern 2634 und 2634a, die Rückseite die Blattnummer 2635. Blatt 2634 und 2635 siehe »Meine Zelle«, S. 83.

In memoriam K. A. Hartmann S. 35
Textgrundlage: Handschrift Blatt 1390 aus dem Nachlaß.
Die ersten zwei gestrichenen Zeilen lauten: *»Geht weiter, geht, dreht sich / alles weiter«.* Strophe 1, Zeile 2: nach *»Ohrgang«* gestrichen »sind die Gänge zu«, darüber gestrichen *»ist deine Muschel«*. Strophe 1, Zeile 3: gestrichen wurde: *»Tot ist alles.«* Strophe 1, Zeile 4: die Zeile lautete ursprünglich (gestrichen): *»Ohren, führt da nichts mehr hin«.* Strophe 1, Zeile 5: *»Geräusch«* ist im Manuskript (versehentlich?) gestrichen. In derselben Zeile stand ursprünglich *»Quelle«* (gestrichen) statt *»Worte«*, das Fragezeichen am Ende der Zeile ist gestrichen und in einen Punkt korrigiert. Zwischen Strophe 2 und 3 sind drei Zeilen gestrichen, sie lauten: *»[– –] / tot ist alles. / Alles tot.«* Strophe 3, Zeile 2: der Text unter den Streichungen ist nicht lesbar.

Trauerjahre S. 36
Textgrundlage: Typoskript Blatt 427 aus dem Nachlaß.

Abschied (Das Fleisch, das gut mit mir gealtert ist) S. 37
Textgrundlage: Typoskript Blatt 2438 und 3727 aus dem Nachlaß. Unter der zweiten Strophe steht ein »gesperrter« Brief. Die dritte Strophe steht auf Blatt 3727, darunter das Gedicht »Tessiner Greuel« (siehe S. 48). Strophe 1, Zeile 6: im Typoskript steht *»gesunden«*. Strophe 2, Zeile 5: im Typoskript steht *»die (...) Schulterblatt«*.

Gerüche S. 38
Textgrundlage: Typoskript Blatt 330 aus dem Nachlaß.
In Strophe 2, Zeile 4 steht *»Kadaver«* über *»ein faulendes Tier« (nicht gestrichen)*. Strophe 3, Zeile 3: *»Verdammung werden noch so erzeugt«* ersetzt *»eine Verdammung nicht / ausgeschlossen.«* (ohne Steichung).

Im Lot S. 39
Textgrundlage: Typoskript Blatt 170 aus dem Nachlaß. Auf demselben Blatt darunter steht der Text mit dem Titel »Trostarie« (siehe S. 101). Strophe 1, Zeile 3: *»wird eines nachts dich heilen«* steht eingerückt unter *»Du sollst ja nicht weinen«* (ohne Streichung).

Memorial S. 42

Textgrundlage: Handschrift Blatt 432 und 432a aus dem Nachlaß, gefaltetes DIN-A4-Blatt, der Text steht außen auf der Vorder- und Rückseite, auf der rechten Innenseite stehen die Worte: »*Kein Anschluß / nie mehr ein Anschluß*«.

Zürichsee S. 45

Textgrundlage: Handschrift Blatt 2632 aus dem Nachlaß.

Grippe und andere Krankheiten S. 46

Textgrundlage: Typoskript Blatt 440 aus dem Nachlaß.
Neben Zeile 9 steht am Rand: »*uf einer anderen Wunde*«. Neben Zeile 12 steht am Rand: »*auf der Zunge den Sprachbelag*«, neben Zeile 13 stehen die Worte »*schleimigen*« und »*geröteten*«. Zeile 25 »*vitte*« möglicherweise Tippfehler für »*bitte*«, evtl. für französisch »vite« = schnell.

Diavolezza S. 47

Textgrundlage: Typoskript Blatt 3725 aus dem Nachlaß.
Über der Überschrift mit »xxx« übertippt steht: »*Es ist Angst, immer mehr Angst*«. Strophe 5, Zeile 3: im Typoskript steht »*da t bt ein Blatt drauf*«.

Tessiner Greuel S. 48

Textgrundlage: Typoskript Blatt 3727 aus dem Nachlaß. Über dem Text steht die dritte Strophe des Gedichts »Abschied«, siehe S. 85. Darunter stehen weitere vier Zeilen: »*Wie leicht springt die Autos / sich in die Kurven, / dem erstarrten vor fremden Anwesen / die Staubwolke in Gesicht.*«

Julikinder S. 49

Textgrundlage: Typoskript Blatt 346 aus dem Nachlaß. Über dem Gedicht stehen zwei Zeilen Prosa, die offensichtlich nicht dazugehören: »*die sind nicht durchführbar, heute waren sies wieder nicht, obwohl ich so nah daran / zum erstenmal, aber es war wieder nichts. Wie schade. Ich hätte es sofort berichtet*«.
Zeile 3: »*zappeln mit dem verstümmelten Bein*« steht handschriftlich über »*recken die gekrümmte Hand*« (ohne Streichung). Rechts neben Zeile 5 steht handschriftlich »*wackeln*«. Zeile 9: »*nichts gelehrt*« steht handschriftlich über »*verspielt*« (durchgestrichen). Zeile 10: »*aber*« und »*gemacht*« sind handschriftlich angefügt. Neben Zeile 15 und 16 steht handschriftlich am Rand: »*ihr Nachtzeitwesen, ihr kommt schon / nach uns,*«. Neben Zeile 19 und 20 steht handschriflich am Rand: »*knetet mich mein mürbes Fleisch / auf den Tod hin*«.

DAS KIND S. 50
Textgrundlage: Typoskript Blatt 2435 aus dem Nachlaß.

AN JEDEM DRITTEN DES MONATS S. 51
Textgrundlage: Typoskript Blatt 166 aus dem Nachlaß.
Strophe 1, Zeile 2: im Typoskript steht »geschlchett«.

DAS NARRENWORT S. 53
Textgrundlage: Handschrift Blatt 2454 aus dem Nachlaß.
Die ersten drei Zeilen der Handschrift sind gestrichen. Sie lauten: »*Wo dann wie / war das Wort, noch / nicht mehr möglich*«. Strophe 1, Zeile 3: Vor »*gekarrt*« steht ausgestrichen das Wort »*behämmert*«.

GLORIASTRASSE (Die Gnade Morphium, aber nicht die Gnade eines Briefs) S. 54
Textgrundlage: Typoskript Blatt 167 aus dem Nachlaß. Auf demselben Blatt darüber steht das Gedicht »Immerzu in den Worten sein, ob man will oder nicht« (siehe S. 126).
Strophe 1, Zeile 3: nach dem Wort »*Erscheinung*« sind mit »xxx« übertippt die Worte »*neben mir*«, es folgt »*die nie erscheint*« (ohne Streichung), »*auf die alles wartet*« steht, vermutlich als Korrektur, darunter. Strophe 2, Zeile 1: nach »*Das Böse*« stehen mit »xxx« übertippt die Worte »*brennt mich so*«.

GLORIASTRASSE (Die Gnade Morphium, aber nicht die Wohltat eines Briefs) S. 55
Textgrundlage: Typoskript Blatt 311 und 311a aus dem Nachlaß. Ab Strophe 5 wurde eine andere Schreibmaschine verwendet. Strophe 6 beginnt auf Blatt 311a.
Strophe 1, Zeile 2: ursprünglich steht im Typoskript »*wohlgemeint*«, »*gut*« ist darübergetippt (ohne Streichung). Strophe 2, Zeile 3: ursprünglich »*hervor*«, »*heraus*« darübergetippt (ohne Streichung). Strophe 3, Zeile 3 ist dreifach angesetzt: in der Zeile steht »*von der Nacht mit dem Skalpell*«, darüber »*immer der Nacht*«, darunter »*von dem Weißmantel, von der Nacht*« (keine Streichungen). Strophe 4, Zeile 4: dreifach angesetzt: am Anfang der Zeile steht »*bei dem Mark*«, nach großem Abstand in derselben Zeile: »*bei dem Mark, das mir bleiben wird*«, darunter »*das noch bleiben wird*« (ohne Streichungen). Strophe 6, Zeile 5: im Typoskript steht »*flatsern und Bandangen*«.

GLORIASTRASSE (In einem Bett) S. 58
Textgrundlage: Handschrift Blatt 344 aus dem Nachlaß.
Die Zeilenanordnung ist ein Vorschlag der Herausgeber. Die zwei durchgestrichenen Zeilen oben, neben Strophe 1, Zeile 1 und 2, lauten: *»die sich in einen / Engel verwandelt«*. Strophe 2, zwischen Zeile 7 und 8 (in der Handschrift die untere Korrektur am Rand) ist durchgestrichen: *»Visitez moi.«*

[NACH VIELEN JAHREN] S. 60
Textgrundlage: Typoskript Blatt 179 aus dem Nachlaß.

TAGSCHWESTER, NACHTSCHWESTER S. 62
Textgrundlage: Handschrift Blatt 367 aus dem Nachlaß.
Strophe 1, Zeile 5: nach *»hat«* ist gestrichen *»in einem Augenblick Angst«*, die Korrektur ist daruntergeschrieben. Strophe 2, Zeile 2: darunter steht durchgestrichen *»mehr als ein Arzt«*. Neben Strophe 2, Zeile 2 und 3 ist an den Rand eine Ergänzung geschrieben: *»nicht [– –] zählten«* und *»senden an«*.

FÜR INGMAR BERGMAN, DER VON DER WAND WEISS S. 65
Textgrundlage: Handschrift Blatt 5230 und 5233 aus dem Nachlaß.
Strophe 3, Zeile 12: gewählt wurde die Lesart *»und bei Frost«*, eine andere mögliche Lesart wäre: *»und bei Trost«*.

DIE DROGEN, DIE WORTE. S. 68
Textgrundlage: Handschrift Blatt 355 aus dem Nachlaß.
Die letzten 8 Zeilen sind an den linken Rand geschrieben.

[VERSCHWINDEN SOLL ICH] S. 71
Textgrundlage: Handschrift Blatt 353 und 352 aus dem Nachlaß (Vorder- und Rückseite), Blatt 353 beginnt mit Strophe 6 *»und bettle und wein«*. Das Wort *»Maß«* ist in der Handschrift durchgängig *»Mass«* geschrieben.
Die Zeilenanordnung ist ein Vorschlag der Herausgeber. Strophe 1, Zeile 2: *»dahin«*, mögliche Lesart auch *»wohin«*. Strophe 4, Zeile 6: *»diesen Schmerz«* ist in der Handschrift flüchtig durchgestrichen, daneben unverständliche Korrekturen.

Mit einem dritten sprechen S. 76

Textgrundlage: Handschrift Blatt 2630 und 2629 aus dem Nachlaß, DIN-A4-Blatt, gefaltet. Die Vorderseite trägt die Blattnummer 2629, die Innenseiten die Blattnummern 2630 und 2630a, die Rückseite die Nr. 2631. Der Text beginnt in der Mitte von Blatt 2630, die Fortsetzung (möglicherweise ein Neuansatz) steht auf Blatt 2629. Über dem Titel stehen die Worte *»Bis ans Heft/Unterschlupf«*.
Strophe 2, Zeile 3: *»bitter«* steht über dem durchgestrichenen Wort *»groß«*.

[Ausgeraubt] S. 78

Textgrundlage: Handschrift Blatt 2630a und 2630 aus dem Nachlaß, rechte und linke Innenseite eines gefalteten DIN-A4-Blattes, auf der linken Innenseite (Blatt 2630, Faksimile S. 74) beginnt das Gedicht »Mit einem dritten sprechen« (siehe S. 76).

Meine Zelle S. 83

Textgrundlage: Handschrift Blatt 2634, 2634a und 2635 aus dem Nachlaß. Gefaltetes DIN-A4-Blatt, die Nummern 2634 und 2634a sind die linke und rechte Innenseite des Blattes, Nr. 2635 ist die Rückseite. Die Vorderseite trägt das Gedicht »Ich bin ganz wild« (siehe S. 33).
Strophe 1, Zeile 2: *»hatte«* eine andere mögliche Lesart wäre *»halte«*. Strophe 2, Zeile 3: *»da kann«*, eine weitere mögliche Lesart wäre *»das kann«*. Strophe 4, Zeile 3: nach *»Schmach«* ist das Wort *»der«* gestrichen. Strophe 4, Zeile 4: am Anfang der Zeile sind die Worte *»ist bis«* gestrichen.

Abschied (Wir werden die Fernsten sein) S. 85

Textgrundlage: Typoskript Blatt 450 aus dem Nachlaß. Über dem Gedicht stehen die letzten beiden Zeilen des Gedichts »Tot ist alles« (siehe S. 106).
Strophe 1, Zeile 2: *»erwidert«* steht über *»sein«* (ohne Streichung). Strophe 1, Zeile 5: *»Versuch«* über *»Experiment«* geschrieben (ohne Streichung). Strophe 1, Zeile 6: *»zuckend«* im Typoskript über *»blau und vergiftet«* geschrieben (ohne Streichung). Strophe 1, Zeile 9: *»Glas«*, im Typoskript steht *»Goas«*. Strophe 1, Zeile 10/11: *»zum Himmel schreienden / Häuser«*, im Typoskript steht *»zu Him,el schreiende / Häuser«*.

[Ich trete aus mir hervor] S. 87

Textgrundlage: Handschrift Blatt 2631 aus dem Nachlaß, Rückseite eines gefalteten DIN-A4-Blattes mit den Blattnummern 2629, 2630 und 2630a, siehe S. 76 und 78.

[ICH HABE DIE FEDER] S. 89
Textgrundlage: Handschrift Blatt 1690 aus dem Nachlaß.
Zeile 10: das erste Wort ist gestrichen, es lautet: »*Verstümmelung*«.
Zeile 18: »*nichts*«, eine andere Lesart wäre »*mich,*«.

DIE LEBENSLINIE S. 91
Textgrundlage: Handschrift Blatt 369 aus dem Nachlaß.
Strophe 2, Zeile 2: »*sei sie kurz*«, »*sie*« ist über das Wort »*es*« geschrieben, ohne Streichung. Am Rand des Blattes in Höhe von Strophe 3, Zeile 3 bis 6 stehen die Worte: »*alter Burgunder / von dem ein / Wortschluck*«.

DIE FOLTER (Sprachs) S. 94
Textgrundlage: Handschrift Blatt 360 aus dem Nachlaß. Auf demselben Blatt darunter beginnt ein anderer Text mit demselben Titel (siehe S. 95).

DIE FOLTER (Wer ißt mit meinem Löffel) S. 95
Textgrundlage: Handschrift Blatt 360 und 359 aus dem Nachlaß (Vorder und Rückseite). Auf Blatt 360 oben steht ein anderer Text mit demselben Titel (siehe S. 94).
Neben der Überschrift steht am Rand (neuer Textanfang oder Ergänzung?): »*Wer schnaubt / in mein / Kissen / und träumt / sich eins.*« Die Zeilen 6 bis 9 sind an den Rand geschrieben, ebenso die Zeilen 14 und 15. Blatt 359, rechter Rand ab Mitte beschrieben, die wenigen entzifferbaren Worte ergeben keinen ersichtlichen Zusammenhang.

MILD UND LEISE (Eine andere Nacht) S. 97
Textgrundlage: Typoskript Blatt 161 aus dem Nachlaß.

MILD UND LEISE (Wenns auch nur anhebt) S. 99
Textgrundlage: Handschrift Blatt 456 aus dem Nachlaß.
Eine andere mögliche Lesart des letzten Verses könnte sein: »*geliebt nicht von gehaßten*«.

MILD UND LEISE (Tot ist alles) S. 100
Textgrundlage: Typoskript Blatt 332 aus dem Nachlaß.
Strophe 1, Zeile 3: »*vergiftete Apfelputzenschnitz*« ist über den ursprünglichen Text »*bißchen Brot, der Bissen*« geschrieben (ohne Streichung). Der Artikel im Neutrum »*das Brot*« ist imTyposkript unkorrigiert. Nach Zeile 4 sind drei Zeilen zum größten Teil mit »xxx«

übertippt: »*aus meinen Tellern / und liegen in meinem Bett, wer / meine Schlüssel benutzen*«. Die nachfolgende Zeile steht direkt darunter, die Leerzeile wurde von den Herausgebern eingefügt. Strophe 2, Zeile 3: im Typoskript steht »*legen*« statt »*liegen*«. Strophe 2, Zeile 5: »*noch der Zettel rascheln*« steht unter »*zu wackeln anfangen*« (ohne Streichung). Den Korrekturgewohnheiten Ingeborg Bachmanns entsprechend ist der Text ersetzt worden. Strophe 2, Zeile 6: »*eingenährt*« evtl. Tippfehler für »*eingenäht*«. Strophe 3, Zeile 2: Im Typoskript steht »*Geständen*«.

TROSTARIE S. 101
Textgrundlage: Typoskript Blatt 170 aus dem Nachlaß. Auf demselben Blatt darüber steht der Text mit dem Titel »Im Lot« (siehe S. 39). Am Anfang von Zeile 3 steht mit »xxx«übertippt: »*gestraft Rom ist nicht mehr*«.

HABET ACHT S. 104
Textgrundlage: Handschrift Blatt 162 und 163 aus dem Nachlaß. Strophe 1, Zeile 1: in der Handschrift steht »*Last mich sterben*«. Strophe 6, Zeile 1: »*heller*«, halb über ein durchgestrichenes Wort geschrieben, wahrscheinlich zuvor: »*klarer*«.

[TOT IST ALLES] S. 106
Textgrundlage: Typoskript Blatt 451 und 450 aus dem Nachlaß (Vorder- und Rückseite). Die letzten beiden Zeilen des Gedichts stehen auf Blatt 450 zusammen mit dem Gedicht »Abschied« (siehe S. 85).

EIN NEUES LEBEN S. 107
Textgrundlage: Typoskript Blatt 165 aus dem Nachlaß.

[MIR LEUCHTET EIN, WAS LETZTE TAGE SIND] S. 109
Textgrundlage: Handschrift Blatt 486 aus dem Nachlaß. Nach der ersten Zeile ist eine Zeile gestrichen. Sie lautet: »*Wo ich auch steh, ich*«. Strophe 1, Zeile 3: »*unteren*« über »*tiefem*« geschrieben (ohne Streichung). Zeile 6: »*wunde*« steht über »*dunkle*« (gestrichen).

[SO STÜRBEN WIR] S. 111
Textgrundlage: Handschrift Blatt 211 aus dem Nachlaß. Zeile 2: »*sein*« steht über »*bleiben*« (gestrichen). Es folgt eine komplett gestrichene Zeile: »*wohl ein Verlangen ohne Ende*«.

Enigma (So stürben wir) S. 112
Textgrundlage: Typoskript Blatt 220 aus dem Nachlaß.
Zeile 11: im Typoskript steht *»Wiewe«* statt *»Wiese«*.

[Wie schwierig ist verzeihen] S. 113
Textgrundlage: Typoskript Blatt 333 aus dem Nachlaß.
Strophe 4, Zeile 4: im Typoskript *»sollen den meine Feinde«*.

[Seht ihr, Freunde] S. 115
Textgrundlage: Typoskript Blatt 426 aus dem Nachlaß.
Strophe 1, Zeile 9: im Typoskript steht »sehts ihr«. Strophe 2, Zeile 1: im Typoskript *»bgehe«*. Strophe 3, Zeile 2: im Typoskript steht *»Wärten«* und *»suche«*.

Alla piu umile, alle piu umana, alla piu sofferente S. 116
Textgrundlage: Typoskript Blatt 173 und 331 aus dem Nachlaß. Die letzten drei Strophen stehen auf Blatt 331. Auf demselben Blatt 331 steht auch das Gedicht »Auf der obersten Terrasse« (siehe S. 125). Strophe 1, Zeile 4: evtl. die Korrektur für Zeile 3. Strophe 2, Zeile 2: im Typoskript steht *»uns sie sagt mir«*. Strophe 5, Zeile 2: im Typoskript steht *»schmerzst end, ber nicht die H nd«*. Strophe 7, Zeile 1: im Typoskript steht *»Wenn ich e aber fühle«*.

Das Strafgesetzbuch S. 120
Textgrundlage: Handschrift Blatt 5231 und 5232 aus dem Nachlaß (Vorder- und Rückseite).
Strophe 4, Zeile 3: *»Scharlachbrand«* ist über das nicht komplett entzifferbare Wort *»Zellen[– –]«* geschrieben. Nach Strophe 4, über der Zeile *»Mehr kann nicht mehr sein.«* steht durchgestrichen: *»ist doch nichts mehr,«*. Strophe 6, Zeile 3: *»Hirn«* steht über *»Geist«* (gestrichen). Strophe 8, Zeile 3: das zweite *»so«* ist evtl. gestrichen. Das letzte Wort der letzten Zeile des Gedichts ist gestrichen, es lautet: *»Rachsucht«*.

Un altra notte ancora senza vederlo S. 123
Textgrundlage: Handschrift Blatt 345 aus dem Nachlaß.
Zeile 9: *»Sammelsurium«* ist über das nicht durchgestrichene Wort *»Heer«* geschrieben. Zwischen Zeile 9 und 10 stehen die Worte *»das ist namenlos«*.

[Wie lange noch] S. 124
Textgrundlage: Typoskript Blatt 329 aus dem Nachlaß.

Auf der obersten Terrasse S. 125

Textgrundlage: Typoskript Blatt 331 aus dem Nachlaß. Auf demselben Blatt darüber stehen drei Strophen, die zum Gedicht »Alla piu umile, alle piu umana, alla piu sofferente« gehören (siehe S. 116).

[Immerzu in den Worten sein] S. 126

Textgrundlage: Typoskript Blatt 167 aus dem Nachlaß. Auf demselben Blatt darunter steht ein Gedicht mit dem Titel »Gloriastraße« (siehe S. 54).
Strophe 2, Zeile 4: »*wie bei einem Kranken liegst du bei beiden*« steht neben Zeile 2 am Rand. Strophe 2, Zeile 6 und 7: »*kostest*«, im Typoskript zweimal »*kostet*«. Strophe 4, Zeile 3: mit »xxx« übertippt am Zeilenanfang die Worte »*ich weiß nicht mehr,*«. Strophe 4, Zeile 3: »*in mir*«: im Typoskript fehlt das »*i*«, es könnte also auch »*an mir*« heißen.

Verdacht (Die Zunge die regt sich) S. 127

Textgrundlage: Typoskript Blatt 218 aus dem Nachlaß.
In der Überschrift nach »*Verdacht*« mit »xxx« übertippt: »*auf Dummheit*«. Strophe 1, Zeile 1: die Worte »*die regt sich*« stehen über »*ist verdächtig*« (ohne Streichung). Strophe 1, Zeile 2: »*schiebt*« steht über »*spricht*« (ohne Streichung). Strophe 1, Zeile 9: im Typoskript steht »*und tropft die die Nacht*«. Strophe 3, Zeile 2: im Typoskript steht »*du singste deine Vorrat*«. Strophe 4, Zeile 1: im Typoskript steht »*der großer Herrscher Aug*«, eine weitere mögliche Lesart wäre »*der großen Herrscher Aug*«, vgl. Blatt 3729 »Verdacht«, Strophe 4 (siehe S. 128).

Verdacht (Die Zunge, daß sie sich regt) S. 128

Textgrundlage: Typoskript Blatt 3729 aus dem Nachlaß.

Fromm und böse S. 129

Textgrundlage: Typoskript Blatt 2427 aus dem Nachlaß.
Strophe 1, Zeile 12: im Typoskript steht statt »*gradsein*« »*gretfein*«. Strophe 3, Zeile 4: »*um Hoffnung*«, im Typoskript »*im Hoffnung*«. Strophe 3, Zeile 6: im Typoskript steht »*um Nahrung, dass daa geschahctet iird*«. Es könnte also auch als Relativsatz gemeint sein: »*das da geschlachtet wird*«. Im Typoskript folgt eine weitere Strophe, die so viele Tippfehler enthält, daß sie nicht zu rekonstruieren ist.

An das Fernmeldeamt Berlin S. 130

Textgrundlage: Typoskript Blatt 309 aus dem Nachlaß. Blatt mit zahlreichen Korrekturen und Einfügungen. Der gedruckte Text gibt die kohärente erste Textstufe wieder. Am Rand stehen einige Ergänzungen, die von Ingeborg Bachmann überwiegend im folgenden Text »Daß es gestern schlimmer war« (siehe S. 131) eingearbeitet sind: neben Strophe 1, Zeile 2: »*Kein Anschluss, unter keinen Umständen*«; Strophe 2, neben Zeile 3 und 4: »*der ganze Regen ging mit einmal in meinen Hals / ein Guß*«; neben Strophe 2, Zeile 5: »*schlagen aush Hammerklavier*«. Strophe 3, zwischen Zeile 3 und 4: »*Und ich wollt ihn doch nicht so erschrecken.*«.
Strophe 2, Zeile 5: im Typoskript steht »*kelgeln*«. Strophe 3, Zeile 1: zwischen »*ich*« und »*in der Schrecksekunde*« steht mit »xxx« übertippt das Wort »*plötzlich*«. Strophe 3, Zeilen 11 bis 20 stehen im Typoskript am Rand beginnend neben Zeile 8.

[Dass es gestern schlimmer war] S. 131

Textgrundlage: Typoskript Blatt 310 aus dem Nachlaß. (Vgl. »An das Fernmeldeamt Berlin«, S. 130.)
Strophe 1, Zeile 6: im Typoskript steht am Ende der Zeile nur: »*ka nie*«. Strophe 2, Zeile 5: im Typoskript steht »*keln*« statt »*kegeln*«, eine weitere mögliche Lesart wäre »*werkeln*« (vgl. aber Blatt 309 »An das Fernmeldeamt Berlin«, Strophe 2, Zeile 5); in derselben Zeile: im Typoskript steht »*aus Hammerklavier*«. Strophe 5, Zeile 2: im Typoskript steht »*ind eise Ritze Berlin feallen*«, denkbar also auch »*in eine Ritze Berlin fallen*«.

Das deutsche Wunder S. 133

Textgrundlage: Handschrift Blatt 347 aus dem Nachlaß.
Die Textanordnung ist ein Vorschlag der Herausgeber. Strophe 1, Zeile 2: »*Fruchtlieferwagen*«, ursprünglich stand »*Lastwagen*« (durchgestrichen).

Schallmauer S. 135

Textgrundlage: Typoskript Blatt 365 aus dem Nachlaß.
Zeile 25: im Typoskript steht »*augerissenen Nähten*«, möglich also auch die Lesart »*aufgerissenen Nähten*«.

Der gefundene Ton S. 137

Textgrundlage: Handschrift Blatt 362 aus dem Nachlaß.

In Feindeshand S. 139
Textgrundlage: Handschrift Blatt 286 aus dem Nachlaß.
Der Titel ist evtl. auch als »In Feindesland« zu lesen.

[Stille Nacht, heilige Nacht] S. 141
Textgrundlage: Handschrift Blatt 368 aus dem Nachlaß.
Strophe 2, Zeile 4: »*geklebt*«, eine andere mögliche Lesart wäre »*geknallt*«.

[auf den Paradeplätzen der Weihnachtsstadt] S. 142
Textgrundlage: Typoskript Blatt 339 aus dem Nachlaß.

Rationen S. 143
Textgrundlage: Typoskript Blatt 366 aus dem Nachlaß.
Strophe 1, Zeile 1: im Typoskript steht »*die einsene Ration*«.

[Meine Schreie verlier ich] S. 145
Textgrundlage: Handschrift Blatt 361 aus dem Nachlaß.

Bei Lebensgefahr S. 146
Textgrundlage: Typoskript Blatt 363 aus dem Nachlaß.
Strophe 3, Zeile 12: im Typoskript steht »*un das ver lzene Kissen*«. Die letzte Zeile lautet im Typoskript: »*nichts weitals schlafen*«.

[Während eine Ideologie] S. 147
Textgrundlage: Typoskript Blatt 181 aus dem Nachlaß. Auf der Rückseite (Blatt 180) steht das Gedicht »Ich habe euch, meine Spießer« (siehe S. 169).
Strophe 2, Zeile 4: im Typoskript steht »*zürtest*« statt »*züchtest*«.

[Wer holt mich ab] S. 149
Textgrundlage: Handschrift Blatt 356 aus dem Nachlaß.
»*Es soll gerettet werden*« möglicherweise als Überschrift eines neuen Textansatzes zu lesen.

Eine andere Rache S. 150
Textgrundlage: Typoskript Blatt 2434 aus dem Nachlaß.
Zeile 2: nach »*die*« mit »xxx« übertippt »*langsam*«. Zeile 5: im Typoskript steht »*von Blumen gepflanzt war*«.

ALKOHOL S. 151
Textgrundlage: Typoskript Blatt 341 aus dem Nachlaß.
Zeile 1: am Ende der Zeile stand zunächst ein Fragezeichen, das Komma ist darübergetippt. Zeile 3: im Typoskript steht »*soviel Schliing*«.

POLITIK DER SCHWÄCHE ODER EINE VERLORENE LIEBE S. 152
Textgrundlage: Typoskript Blatt 183 und 182 aus dem Nachlaß (Vorder- und Rückseite).
Strophe 1, Zeile 3: »*gewinnen*« ist über »*fürhlen*« geschrieben (ohne Streichung). Am Rand der Zeile steht handschriftlich »*durchblutet*«. Strophe 1, Zeile 7: »*Einbildung*« an den linken Rand getippt, mit »xxx« übertippt steht am Anfang der Zeile »*Hoffnung darauf*«. Strophe 2, Zeile 11: im Typoskript steht »*das psielt*«. Strophe 2, Zeile 14: im Typoskript steht »*sein Hinfälligkeit*«. Strophe 2, Zeile 15: im Typoskript steht »*Leberzyrosy*«.

[DIE SCHULDEN DEM SCHULDNER] S. 154
Textgrundlage: Typoskript Blatt 327 aus dem Nachlaß.
Strophe 2, Zeile 4: im Typoskript steht »*jeder Hämmern*«. Die letzte Zeile lautet ursprünglich: »*in die ich ei grbacht werde nach einem Taganfall.*«, daneben und darüber steht »*nach so einem wütigen / Versuch.*« Eine weitere Zeile darüber ebenfalls am Rand stehen die Worte: »*hilflosen abgeschlagnen Tag*«.

ENIGMA (So früh schon Abend) S. 155
Textgrundlage: Typoskript Blatt 177 aus dem Nachlaß. Auf demselben Blatt darunter steht ein weiterer Text mit dem Titel »Enigma« (siehe S. 156).
Zeile 2 und 3: nach »*herein*« steht mit »xxx« übertippt »*frisst Innenlicht / sich hinaus*«.

ENIGMA (Am Nil in der Nacht) S. 156
Textgrundlage: Typoskript Blatt 177 aus dem Nachlaß. Auf demselben Blatt darüber steht ein weiterer Text mit dem Titel »Enigma« (siehe S. 155).
Strophe 2, Zeile 2: nach »*aber*« mit »xxx« übertippt »*aufbrichst*«. Strophe 2, nach Zeile 2 ist eine Zeile mit »xxx« übertippt: »*mit Herz und Händen*«. Strophe 2, Zeile 3: nach »*Sphinx*« mit »xxx« übertippt »*bisweilen die*«. Zwischen Strophe 2 und 3 steht mit »xxx« übertippt: »*Lass mich sterben. Nie erwachen.*« Strophe 3, Zeile 5: im Typoskript steht »*erschöpfter Laut*« neben »*letzter Laut*« (ohne Streichung).

Nacht der Liebe S. 157
Textgrundlage: Typoskript Blatt 185 aus dem Nachlaß.

Erste Schritte S. 159
Textgrundlage: Handschrift Blatt 443 aus dem Nachlaß.
Strophe 2, Zeile 1: durchgestrichen die Worte *»konnte nicht mehr sehn«*. Strophe 2, Zeile 2: unter dem Wort *»einen«* steht durchgestrichen *»Fremde«*. Zeile 4: die Zeile lautete vor Korrektur *»und meinen Augen [– –]«*, *»und«* ist mit *»den«* überschrieben, *»Augen«* gestrichen. Strophe 3, Zeile 1: gestrichen wurde *»wer, noch sprechen?«*, darüber, nicht gestrichen, *»das ist so lang her«*, darüber *»das muß lang her sein«*. Strophe 3, Zeile 2: ursprünglich zwei Zeilen, beide gestrichen, sie lauten *»ein [– –] vor der Wand / und immer Unterbrechen«*. Strophe 3, Zeile 3: statt *»Atemnot«* zunächst *»Unterbrechen«*, das Wort ist durchgestrichen. Darunter die gestrichene Zeile: *»zehn Wort auf ein Mal«*.

Heimkehr über Prag S. 161
Textgrundlage: Handschrift Blatt 458 aus dem Nachlaß.
Über dem Gedicht stehen die drei Zeilen: *»und strafe den Diebstahl / um den einzigen Engel / aus der Luft,«*. Sie gehören wohl nicht zu »Heimkehr über Prag«.

Wenzelsplatz S. 162
Textgrundlage: Typoskript Blatt 371 aus dem Nachlaß, auf demselben Blatt darunter steht das Gedicht »Jüdischer Friedhof« (siehe S. 163). Strophe 1, Zeile 1: *»Eisfährten, Schneehaufen«* steht über: *»der Schnee, eine Havarie«* (ohne Streichung). Strophe 1, Zeile 2: *»rauchend«* steht über *»sprachlos«* (ohne Streichung). Strophe 1, Zeile 5: evtl. als Korrektur zu Zeile 4 gedacht. Strophe 3, Zeile 4: *»weit«* ursprünglich *»weiter«*, mit »xxx« übertippt. Strophe 3, Zeile 5: *»in der meine Herkunft ist.«* steht neben *»und mein Leben ist.«* (ohne Streichung).

Jüdischer Friedhof S. 163
Textgrundlage: Typoskript Blatt 371 aus dem Nachlaß. Auf demselben Blatt darüber steht das Gedicht »Wenzelsplatz« (siehe S. 162).
Zeile 1: im Typoskript steht *»Hinnien«*.

Poliklinik Prag S. 164
Textgrundlage: Typoskript Blatt 134 aus dem Nachlaß.

Terra Nova S. 165

Textgrundlage: Typoskript Blatt 354 aus dem Nachlaß mit handschriftlichen Korrekturen und Ergänzungen. Auf demselben Blatt darüber stehen flüchtig gestrichen unter der Überschrift »Cafard, Berlin.« die zwei Zeilen: *»Weglachen, Hinsdhen, / von Brandmauern von«.*
Zeile 10: im Typoskript steht *»Kohelgrube«.* Zeile 12 und 13: im Typoskript lauten die Zeilen vor Korrektur *»von einfach Liebe / einfach tun verschränken«*, die Korrektur ist handschriftlich an den Rand geschrieben, nur das Wort *»Liebe«* ist durchgestrichen. Zeilen 16 bis 21 lauten im Typoskript ohne die handschriftlichen Korrekturen und Ergänzungen am Rand: *»in dem Feuerofen, dem Russ, / der von über mein Gesiht rinnt«.*

Verzicht S. 166

Textgrundlage: Typoskript Blatt 454. Auf demselben Blatt darunter steht das Gedicht »Immer wieder Schwarz und Weiß« (siehe S. 167).

Immer wieder Schwarz und Weiss S. 167

Textgrundlage Typoskript Blatt 454. Auf demselben Blatt darüber steht das Gedicht »Verzicht« (siehe S. 166) Handschriftlich unter dem Text stehen die Worte: *»meine heurige Sonnenbräune.* Ich möchte in Verdunklung leben und weißen Gewändern.« Zeile 3: im Typoskript steht *»nähtelang«.*

Auflösung S. 168

Textgrundlage: Typoskript Blatt 364 aus dem Nachlaß.
Strophe 1, Zeile 16: im Typoskript steht *»zu beriett«*, eine andere mögliche Lesart wäre *»zu bereit«.* Strophe 1, Zeile 18: im Typoskript steht *»M nnun dFr u Frau«.*

[Ich habe euch, meine Spiesser] S. 169

Textgrundlage: Typoskript Blatt 180 aus dem Nachlaß. Auf der Rükseite (Blatt 181) steht das Gedicht »Während eine Ideologie« (siehe Seite 147).
Strophe 1, Zeile 4: im Typoskript steht *»geling«* statt *»gelind«.* Strophe 2, Zeile 3: im Typoskript *»bessen«* statt *»besessen«.* Strophe 2, Zeile 4: im Typoskript *»dieses gelähmte Hand«* statt *»diese gelähmte Hand«.* Strophe 2, Zeile 7: im Typoskript steht *»krschlüssigen Urteils«*, evtl. auch *»kurzschlüssigen Urteils«* zu lesen. Strophe 2, Zeile 8: im Typoskript *»dass so lebendig ist«*; vor *»Geist«* steht mit »xxx« übertippt *»Fleisch«.*

Soziologie S. 170

Textgrundlage: Typoskript Blatt 304 aus dem Nachlaß.
Strophe 2, Zeile 6 / 7: im Typoskript steht »*ein Granate, ein züchtiges / Obzsönität*«.

Strangers in the night S. 171

Textgrundlage: Typoskript Blatt 281 und 281a aus dem Nachlaß (Vorder- und Rückseite). Die vierte Strophe beginnt auf Blatt 281a.
Die Überschrift lautet im Typoskript »*Srangers in te night*«. Strophe 1, Zeile 11: im Typoskript steht »*Herusamlem*«. Strophe 4, Zeile 3: »*geschrieben*«, möglicherweise ein Tippfehler für »*geschrieen*«. Strophe 4, Zeile 24: im Typoskript steht »*eil ich es nie wahr*«. Strophe 4, Zeile 25: im Typoskript steht »*sngeommen*«, mögliche Lesart auch »*angekommen*«.

Dein Tod, und wieder S. 173

Textgrundlage: Typoskript Blatt 316 aus dem Nachlaß.
Strophe 2, Zeile 7: im Typoskript steht »*verfolgt diesen fünf Schüsse*«. Strophe 2, Zeile 12: im Typoskript steht »*sondern doch dch*«. Strophe 5, Zeile 2: im Typoskript »*ein schwarzen Laken*«.

An jemand ganz anderen S. 174

Textgrundlage: Typoskript Blatt 435 und 436 aus dem Nachlaß (Vorder- und Rückseite). Blatt 436 beginnt mit Strophe 3, Zeile 18.
Die Überschrift lautet im Typoskript: »*An hemand gnz anderen*«. Strophe 3, Zeile 2: statt eines Punkts steht im Typoskript ein Apostroph. Strophe 3, Zeile 18 steht im Typoskript zweimal untereinander; das erstemal wurden die Worte »*kein Wort*« übertippt, das zweitemal steht »*das*« statt »*dass*«. Strophe 3, Zeile 21: im Typoskript steht »*rpoto*« statt »*pronto*«. Strophe 3, Zeile 26: im Typoskript steht »*der Klingeln*«. Strophe 3, Zeile 29: im Typoskript steht statt »*kopf*« lediglich »*kpf*«, eine andere mögliche Lesart wäre »*Kampf*«.

Inhalt

Ingeborg Bachmann
Bilder aus ihrem Leben
PIPER

»Eine literarische Sensation.« *Welt am Sonntag*

Coverabbildungen vorbehalten

Ingeborg Bachmann / Max Frisch

»Wir haben es nicht gut gemacht«

Der Briefwechsel

Piper Taschenbuch, 1.040 Seiten
ISBN 978-3-492-32060-3

Rund 300 überlieferte Schriftstücke zwischen Ingeborg Bachmann und Max Frisch legen Zeugnis ab vom Leben, Lieben und Leiden eines der bekanntesten Paare der deutschsprachigen Literatur. Nähe und Distanz, Bewunderung und Rivalität, Eifersucht, Fluchtimpulse und Verlustangst, aber auch die Schwierigkeiten des Arbeitens in einer gemeinsamen Wohnung und die Spannung zwischen Schriftstellerexistenz und Zweisamkeit – die Themen sind zeitlos. In den Büchern von Bachmann und Frisch hinterließ diese Liebe Spuren, die zum Teil erst durch die Korrespondenz erhellt werden können.

Leseproben, E-Books und mehr unter www.piper.de